TABLEAU DE LA FRANCE

GÉOGRAPHIE

PHYSIQUE, POLITIQUE ET MORALE

DE LA FRANCE

OUVRAGES DE MICHELET.

Imprimerie Eugène HEUTTE et Cie, à Saint-Germain.

TABLEAU
DE LA FRANCE

GÉOGRAPHIE

PHYSIQUE, POLITIQUE ET MORALE

PAR

JULES MICHELET

PARIS

LIBRAIRIE INTERNATIONALE

A. LACROIX ET Cᵉ, ÉDITEURS

13, FAUBOURG MONTMARTRE

—

1875

GÉOGRAPHIE

PHYSIQUE, POLITIQUE ET MORALE

DE LA FRANCE

TABLEAU DE LA FRANCE

L'histoire de France commence avec la langue française. La langue est le signe principal d'une nationalité. Le
premier monument de la nôtre est le serment dicté par
Charles le Cnauve à son frère, au traité de 843. C'est dans
le demi-siècle suivant que les diverses parties de la France,
jusque-là confondues dans une obscure et vague unité, se
caractérisent chacune par une dynastie féodale. Les populations, si longtemps flottantes, se sont enfin fixées et
assises. Nous savons maintenant où les prendre, et, en
même temps qu'elles existent et agissent à part, elles
prennent peu à peu une voix; chacune a son histoire,
chacune se raconte elle-même.

La variété infinie du monde féodal, la multiplicité d'objets par laquelle il fatigue d'abord la vue et l'attention,
n'en est pas moins la révélation de la France. Pour la pre-

1

mière fois elle se produit dans sa forme géographique.
Lorsque le vent emporte ce vain et uniforme brouillard,
dont l'empire allemand avait tout couvert et tout obscurci,
le pays apparaît, dans ses diversités locales, dessiné par
ses montagnes, par ses rivières. Les divisions politiques répondent ici aux divisions physiques. Bien loin qu'il
y ait, comme on l'a dit, confusion et chaos, c'est un ordre,
une régularité inévitable et fatale. Chose bizarre ! nos
quatre-vingt-six départements répondent, à peu de chose
près, aux quatre-vingt-six districts des capitulaires, d'où
sont sorties la plupart des souverainetés féodales, et la
Révolution, qui venait donner le dernier coup à la féodalité, l'a imitée malgré elle.

Le vrai point de départ de notre histoire doit être une
division politique de la France, formée d'après sa division
physique et naturelle. L'histoire est d'abord toute géographie. Nous ne pouvons raconter l'époque féodale ou *pro-
vinciale* (ce dernier nom la désigne aussi bien), sans avoir
caractérisé chacune des provinces. Mais il ne suffit pas de
tracer la forme géographique de ces diverses contrées,
c'est surtout par leurs fruits qu'elles s'expliquent, je veux
dire par les hommes et les événements que doit offrir leur
histoire. Du point où nous nous plaçons, nous prédirons
ce que chacune d'elles doit faire et produire, nous leur
marquerons leur destinée, nous les doterons à leur berceau.

Et d'abord contemplons l'ensemble de la France, pour
la voir se diviser d'elle-même.

Montons sur un des points élevés des Vosges, ou, si vous
voulez, au Jura. Tournons le dos aux Alpes. Nous distin-
guerons (pourvu que notre regard puisse percer un hori-
zon de trois cents lieues) une ligne onduleuse, qui s'étend
des collines boisées du Luxembourg et des Ardennes aux
ballons des Vosges ; de là, par les coteaux vineux de la
Bourgogne, aux déchirements volcaniques des Cévennes,

et jusqu'au mur prodigieux des Pyrénées. Cette ligne est la séparation des eaux : du côté occidental, la Seine, la Loire et la Garonne descendent à l'Océan ; derrière s'écoulent la Meuse au nord, la Saône et le Rhône au midi. Au loin, deux espèces d'îles continentales : la Bretagne, âpre et basse, simple quartz et granit, grand écueil placé au coin de la France pour porter le coup des courants de la Manche ; d'autre part, la verte et rude Auvergne, vaste incendie éteint avec ses quarante volcans.

Les bassins du Rhône et de la Garonne, malgré leur importance, ne sont que secondaires. La vie forte est au nord. Là s'est opéré le grand mouvement des nations. L'écoulement des races a eu lieu de l'Allemagne à la France dans les temps anciens. La grande lutte politique des temps modernes est entre la France et l'Angleterre. Ces deux peuples sont placés front à front comme pour se heurter ; les deux contrées, dans leurs parties principales, offrent deux pentes en face l'une de l'autre ; ou si l'on veut, c'est une seule vallée dont la Manche est le fond. Ici la Seine et Paris ; là Londres et la Tamise. Mais l'Angleterre présente à la France sa partie germanique ; elle retient derrière elle les Celtes de Galles, d'Écosse et d'Irlande. La France, au contraire, adossée à ses provinces de langue germanique (Lorraine et Alsace), oppose un front celtique à l'Angleterre. Chaque pays se montre à l'autre par ce qu'il a de plus hostile.

L'Allemagne n'est point opposée à la France, elle lui est plutôt parallèle. Le Rhin, l'Elbe, l'Oder vont aux mers du Nord, comme la Meuse et l'Escaut. La France allemande sympathise d'ailleurs avec l'Allemagne, sa mère. Pour la France romaine et ibérienne, quelle que soit la splendeur de Marseille et de Bordeaux, elle ne regarde que le vieux monde de l'Afrique et de l'Italie, et d'autre part le vague Océan. Le mur des Pyrénées nous sépare de l'Espagne, plus que la mer ne la sépare elle-même de l'Afrique. Lorsqu'on s'élève au-dessus des pluies et des basses nuées jusqu'au *por* de Vénasque, et que la vue plonge sur l'Espagne, on voit bien que l'Europe est finie ; un nouveau monde s'ouvre ; devant, l'ardente lumière d'Afrique ; derrière un brouillard ondoyant sous un vent éternel.

En latitude, les zones de la France se marquent aisément par leurs produits. Au nord, les grasses et basses plaines de Belgique et de Flandre avec leurs champs de lin et de colza, et le houblon, leur vigne amère du Nord. De Reims à la Moselle commence la vraie vigne et le vin ; tout esprit en Champagne, bon et chaud en Bourgogne, il se charge, s'alourdit en Languedoc pour se réveiller à Bordeaux. Le mûrier, l'olivier paraissent à Montauban ; mais ces enfants délicats du Midi risquent toujours sous le ciel inégal de la France [1]. En longitude, les zones ne sont pas moins marquées. Nous verrons les rapports intimes qui unissent, comme en une longue bande, les provinces frontières des Ardennes, de Lorraine, de Franche-Comté et de Dauphiné. La ceinture océanique, composée d'une part de Flandre, Picardie et Normandie, d'autre part de Poitou et Guienne, flotterait dans son immense développement, si elle n'était serrée au milieu par ce dur nœud de la Bretagne.

On l'a dit, *Paris, Rouen, le Havre, sont une même ville dont la Seine est la grand'rue*. Éloignez-vous au midi de cette rue magnifique, où les châteaux touchent aux châteaux, les villages aux villages ; passez de la Seine inférieure au Calvados, et du Calvados à la Manche , quelles que soient la richesse et la fertilité de la contrée, les villes diminuent de nombre, les cultures aussi ; les pâturages augmentent. Le pays est sérieux ; il va devenir triste et

[1] *App.*, 1.

sauvage. Aux châteaux altiers de la Normandie vont suc-
céder les bas manoirs bretons. Le costume semble suivre
le changement de l'architecture. Le bonnet triomphal des
femmes de Caux, qui annonce si dignement les filles des
conquérants de l'Angleterre, s'évase vers Caen, s'aplatit
dès Villedieu ; à Saint-Malo, il se divise, et figure au vent,
tantôt les ailes d'un moulin, tantôt les voiles d'un vaisseau.
D'autre part, les habits de peau commencent à Laval. Les
forêts qui vont s'épaississant, la solitude de la Trappe, où
les moines mènent en commun la vie sauvage, les noms
expressifs des villes, Fougères et Rennes (Rennes veut dire
aussi fougère), les eaux grises de la Mayenne et de la Vi-
laine, tout annonce la rude contrée.

C'est par là, toutefois, que nous voulons commencer
l'étude de la France. L'aînée de la monarchie, la province
celtique, mérite le premier regard. De là nous descen-
drons aux vieux rivaux des Celtes, aux Basques ou Ibères,
non moins obstinés dans leurs montagnes que le Celte
dans ses landes et ses marais. Nous pourrons passer ensuite aux pays mêlés par la conquête romaine et germanique. Nous aurons étudié la géographie dans l'ordre
chronologique, et voyagé à la fois dans l'espace et dans le
temps.

La pauvre et dure Bretagne, l'élément résistant de la
France, étend ses champs de quartz et de schiste, depuis les
ardoisières de Châteaulin près Brest, jusqu'aux ardoisières
d'Angers. C'est là son étendue géologique. Toutefois,
d'Angers à Rennes, c'est un pays disputé et flottant, un
border comme celui d'Angleterre et d'Écosse, qui a échappé
de bonne heure à la Bretagne. La langue bretonne ne
commence pas même à Rennes, mais vers Elven, Pontivy,
Loudéac et Châtelaudren. De là, jusqu'à la pointe du Finis-
tère, c'est la vraie Bretagne, la Bretagne *bretonnante*, pays
devenu tout étranger au nôtre, justement parce qu'il est
resté trop fidèle à notre état primitif; peu français, tant il

est gaulois ; et qui nous aurait échappé plus d'une fois, si nous ne le tenions serré, comme dans des pinces et des tenailles, entre quatre villes françaises d'un génie rude et fort : Nantes et Saint-Malo, Rennes et Brest.

Et pourtant cette pauvre vieille province nous a sauvés plus d'une fois ; souvent, lorsque la patrie était aux abois et qu'elle désespérait presque, il s'est trouvé des poitrines et des têtes bretonnes plus dures que le fer de l'étranger. Quand les hommes du Nord couraient impunément nos côtes et nos fleuves, la résistance commença par le breton Noménoé ; les Anglais furent repoussés au xive siècle par Duguesclin, au xve, par Richelieu ; au xviie, poursuivis sur toutes les mers par Duguay-Trouin. Les guerres de la liberté religieuse, et celles de la liberté politique, n'ont pas de gloires plus innocentes et plus pures que Lanoue et Latour d'Auvergne, le premier grenadier de la République. C'est un Nantais, si l'on en croit la tradition, qui aurait poussé le dernier cri de Waterloo : *La garde meurt et ne se rend pas.*

Le génie de la Bretagne, c'est un génie d'indomptable résistance et d'opposition intrépide, opiniâtre, aveugle ; témoin Moreau, l'adversaire de Bonaparte. La chose est plus sensible encore dans l'histoire de la philosophie et de la littérature. Le breton Pélage, qui mit l'esprit stoïcien dans le christianisme, et réclama le premier dans l'Église en faveur de la liberté humaine, eut pour successeurs le breton Abailard et le breton Descartes. Tous trois ont donné l'élan à la philosophie de leur siècle. Toutefois, dans Descartes même, le dédain des faits, le mépris de l'histoire et des langues, indique assez que ce génie indépendant, qui fonda la psychologie et doubla les mathématiques, avait plus de vigueur que d'étendue[1].

Cet esprit d'opposition, naturel à la Bretagne, est mar-

[1] *App.*, 2.

qué au dernier siècle et au nôtre par deux faits contradictoires en apparence. La même partie de la Bretagne (Saint-Malo, Dinan et Saint-Brieuc) qui a produit, sous Louis XV, Duclos, Maupertuis et Lamétrie, a donné, de nos jours, Chateaubriand et La Mennais.

Jetons maintenant un rapide coup d'œil sur la contrée.

A ses deux portes, la Bretagne a deux forêts, le Bocage normand et le Bocage vendéen ; deux villes, Saint-Malo et Nantes, la ville des corsaires et celle des négriers [1]. L'aspect de Saint-Malo est singulièrement laid et sinistre ; de plus, quelque chose de bizarre que nous retrouverons par toute la presqu'île, dans les costumes, dans les tableaux, dans les monuments [2]. Petite ville, riche, sombre et triste, nid de vautours ou d'orfraies, tour à tour île et presqu'île selon le flux ou le reflux ; tout bordé d'écueils sales et fétides, où le varech pourrit à plaisir. Au loin, une côte de rochers blancs, anguleux, découpés comme au rasoir. La guerre est le bontemps pour Saint-Malo ; ils ne connaissent pas de plus charmante fête. Quand ils ont eu récemment l'espoir de courir sus aux vaisseaux hollandais, il fallait les voir sur leurs noires murailles avec leurs longues-vues, qui couvaient déjà l'Océan [3].

A l'autre bout, c'est Brest, le grand port militaire, la pensée de Richelieu, la main de Louis XIV ; fort, arsenal et bagne, canons et vaisseaux, armées et millions, la force de la France entassée au bout de la France : tout cela dans un port serré, où l'on étouffe entre deux montagnes chargées d'immenses constructions. Quand vous parcourez ce

---

[1] App., 3.

[2] Par exemple, dans les clochers penchés, ou découpés en jeux de cartes, ou lourdement étagés de balustrades, qu'on voit à Tréguier et à Landernau ; dans la cathédrale tortueuse de Quimper, où le chœur est de travers par rapport à la nef ; dans la triple église de Vannes, etc. Saint-Malo n'a pas de cathédrale, malgré ses belles légendes.

[3] L'auteur était à Saint-Malo au mois de septembre 1831.

port, c'est comme si vous passiez dans une petite barque
entre deux vaisseaux de haut bord; il semble que ses lour-
des masses vont venir à vous et que vous allez être pris entre
elles. L'impression générale est grande, mais pénible. C'est
un prodigieux tour de force, un défi porté à l'Angleterre
et à la nature. J'y sens partout l'effort, et l'air du bagne et
la chaîne du forçat. C'est justement à cette pointe où la
mer, échappée du détroit de la Manche, vient briser avec
tant de fureur que nous avons placé le grand dépôt de notre
marine. Certes, il est bien gardé. J'y ai vu mille canons [1].
L'on n'y entrera pas; mais l'on n'en sort pas comme on
veut. Plus d'un vaisseau a péri à la passe de Brest[2]. Toute
cette côte est un cimetière. Il s'y perd soixante embarca-
tions chaque hiver. La mer est anglaise d'inclination; elle
n'aime pas la France; elle brise nos vaisseaux; elle ensable
nos ports[3].

Rien de sinistre et formidable comme cette côte de Brest;
c'est la limite extrême, la pointe, la proue de l'ancien
monde. Là, les deux ennemis sont en face : la terre et la
mer, l'homme et la nature. Il faut voir quand elle s'émeut,
la furieuse, quelles monstrueuses vagues elle entasse à la
pointe de Saint-Mathieu, à cinquante, à soixante, à quatre-
vingts pieds; l'écume vole jusqu'à l'église où les mères et
les sœurs sont en prières[4]. Et même dans les moments de
trêve, quand l'Océan se tait, qui a parcouru cette côte
funèbre sans dire ou sentir en soi : *Tristis usque ad
mortem !*

C'est qu'en effet il y a là pis que les écueils, pis que la
tempête. La nature est atroce, l'homme est atroce, et ils
semblent s'entendre. Dès que la mer leur jette un pauvre

[1] A l'arsenal, sans compter les batteries (1833).
[2] Par exemple, le *Républicain*, vaisseau de cent vingt canons, en 1793.
[3] Dieppe, le Havre, la Rochelle, Cette, etc.
[4]   *Goëlans, goëlans,*
     Ramenez-nous nos maris, nos amants!

vaisseau, ils courent à la côte, hommes, femmes et enfants ; ils tombent sur cette curée. N'espérez pas arrêter ces loups, ils pilleraient tranquillement sous le feu de la gendarmerie [1]. Encore s'ils attendaient toujours le naufrage, mais on assure qu'ils l'ont souvent préparé. Souvent, dit-on, une vache, promenant à ses cornes un fanal mouvant, a mené les vaisseaux sur les écueils. Dieu sait alors quelles scènes de nuit ! On en a vu qui, pour arracher une bague au doigt d'une femme qui se noyait, lui coupaient le doigt avec les dents [2].

L'homme est dur sur cette côte. Fils maudit de la création, vrai Caïn, pourquoi pardonnerait-il à Abel ? Là nature ne lui pardonne pas. La vague l'épargne-t-elle quand, dans les terribles nuits de l'hiver, il va par les écueils attirer le varech flottant qui doit engraisser son champ stérile, et que si souvent le flot apporte l'herbe et emporte l'homme ? L'épargne-t-elle quand il glisse en tremblant sous la pointe du Raz, aux rochers rouges où s'abîme l'*enfer de Plogoff*, à côté de la *baie des Trépassés*, où les courants portent les cadavres depuis tant de siècles ? C'est un proverbe breton : « Nul n'a passé le Raz sans mal ou « sans frayeur. » Et encore : « Secourez-moi, grand Dieu, « à la pointe du Raz, mon vaisseau est si petit, et la mer « est si grande [3] ! »

Là, la nature expire, l'humanité devient morne et froide. Nulle poésie, peu de religion ; le christianisme y est d'hier. Michel Noblet fut l'apôtre de Batz en 1648. Dans les îles de Sein, de Batz, d'Ouessant, les mariages sont tristes et

---

[1] Attesté par les gendarmes mêmes. Du reste, ils semblent envisager le *bris* comme une sorte de droit d'alluvion. Ce terrible droit de *bris* était, comme on sait, l'un des priviléges féodaux les plus lucratifs. Le vicomte de Léon disait, en parlant d'un écueil : « J'ai là une pierre plus précieuse que celles qui ornent la couronne des rois. »

[2] Je rapporte cette tradition du pays sans la garantir. Il est superflu d'ajouter que la trace de ces mœurs barbares disparaît chaque jour.

[3] Voyage de Cambry.

sévères. Les sens y semblent éteints; plus d'amour, de pudeur, ni de jalousie. Les filles font, sans rougir, les démarches pour leur mariage [1]. La femme y travaille plus que l'homme, et dans les îles d'Ouessant, elle y est plus grande et plus forte. C'est qu'elle cultive la terre; lui, il reste assis au bateau, bercé et battu par la mer, sa rude nourrice. Les animaux aussi s'altèrent et semblent changer de nature. Les chevaux, les lapins sont d'une étrange petitesse dans ces îles.

Asseyons-nous à cette formidable pointe du Raz, sur ce rocher miné, à cette hauteur de trois cents pieds, d'où nous voyons sept lieues de côtes. C'est ici, en quelque sorte, le sanctuaire du monde celtique. Ce que vous apercevez par delà la baie des Trépassés, est l'île de Sein, triste banc de sable sans arbres et presque sans abri; quelques familles y vivent, pauvres et compatissantes, qui, tous les ans, sauvent des naufragés. Cette île était la demeure des vierges sacrées qui donnaient aux Celtes beau temps ou naufrage. Là, elles célébraient leur triste et meurtrière orgie; et les navigateurs entendaient avec effroi de la pleine mer le bruit des cymbales barbares. Cette île, dans la tradition, est le berceau de Myrddyn, le Merlin du moyen âge. Son tombeau est de l'autre côté de la Bretagne, dans la forêt de Brocéliande, sous la fatale pierre où sa Vyvyan l'a enchanté. Tous ces rochers que vous voyez, ce sont des villes englouties; c'est Douarnenez, c'est Is, la Sodome bretonne; ces deux corbeaux, qui vont toujours volant lourdement au rivage, ne sont rien autre que les âmes du roi Grallon et de sa fille; et ces sifflements, qu'on croirait ceux de la tempête, sont les *crierien*, ombres des naufragés qui demandent la sépulture.

A Lanvau, près Brest, s'élève, comme la borne du con-

---

[1] Voyage de Cambry. — Dans les Hébrides et autres îles, l'homme prenait la femme à l'essai pour un an; si elle ne lui convenait pas, il la cédait à un autre. *App.*, 4.

tinent, une grande pierre brute. De là, jusqu'à Lorient, et de Lorient à Quiberon et Carnac, sur toute la côte méridionale de la Bretagne, vous ne pouvez marcher un quart d'heure sans rencontrer quelques-uns de ces monuments informes qu'on appelle druidiques. Vous les voyez souvent de la route dans des landes couvertes de houx et de chardons. Ce sont de grosses pierres basses, dressées et souvent un peu arrondies par le haut ; ou bien, une table de pierre portant sur trois ou quatre pierres droites. Qu'on veuille y voir des autels, des tombeaux, ou de simples souvenirs de quelque événement, ces monuments ne sont rien moins qu'imposants, quoi qu'on ait dit. Mais l'impression en est triste, ils ont quelque chose de singulièrement rude et rebutant. On croit sentir dans ce premier essai de l'art une main déjà intelligente, mais aussi dure, aussi peu humaine que le roc qu'elle a façonné. Nulle inscription, nul signe, si ce n'est peut-être sous les pierres renversées de Loc Maria Ker, encore si peu distincts, qu'on est tenté de les prendre pour des accidents naturels. Si vous interrogez les gens du pays, ils répondront brièvement que ce sont les maisons des Korrigans, des Courils, petits hommes lascifs qui, le soir, barrent le chemin, et vous forcent de danser avec eux jusqu'à ce que vous en mouriez de fatigue. Ailleurs, ce sont les fées qui, descendant des montagnes en filant, ont apporté ces rocs dans leur tablier [1]. Ces pierres éparses sont toute une noce pétrifiée. Une pierre isolée, vers Morlaix, témoigne du malheur d'un paysan qui, pour avoir blasphémé, a été avalé par la lune [2].

[1] C'est la forme que la tradition prend dans l'Anjou. Transplantée dans les belles provinces de la Loire, elle revêt ainsi un caractère gracieux, et toutefois grandiose dans sa naïveté.

[2] Cet astre est toujours redoutable aux populations celtiques. Ils lui disent pour en détourner la malfaisante influence : « Tu nous trouves bien, laisse-nous bien. » Quand elle se lève, ils se mettent à genoux, et disent un *Pater* et un *Ave*. Dans plusieurs lieux, ils l'appellent Notre-Dame. *App.*, 5.

Je n'oublierai jamais le jour où je partis de grand matin d'Auray, la ville sainte des chouans, pour visiter, à quelques lieues, les grands monuments druidiques de Loc Maria Ker et de Carnac. Le premier de ces villages, à l'embouchure de la sale et fétide rivière d'Auray, *avec ses îles du Morbihan*, *plus nombreuses qu'il n'y a de jours dans l'an*, regarde par-dessus une petite baie la plage de Quiberon, de sinistre mémoire. Il tombait du brouillard, comme il y en a sur ces côtes la moitié de l'année. De mauvais ponts sur des marais, puis le bas et sombre manoir avec la longue avenue de chênes qui s'est religieusement conservée en Bretagne ; des bois fourrés et bas, où les vieux arbres même ne s'élèvent jamais bien haut; de temps en temps un paysan qui passe sans regarder; mais il vous a bien vu avec son œil oblique d'oiseau de nuit. Cette figure explique leur fameux cri de guerre, et le nom de *chouans*, que leur donnaient les *bleus*. Point de maisons sur les chemins; ils reviennent chaque soir au village. Partout de grandes landes, tristement parées de bruyères roses et de diverses plantes jaunes; ailleurs, ce sont des campagnes blanches de sarrasin. Cette neige d'été, ces couleurs sans éclat et comme flétries d'avance, affligent l'œil plus qu'elles ne le récréent, comme cette couronne de paille et de fleurs dont se pare la folle d'*Hamlet*. En avançant vers Carnac, c'est encore pis. Véritables plaines de roc où quelques moutons noirs paissent le caillou. Au milieu de tant de pierres, dont plusieurs sont dressées d'elles-mêmes, les alignements de Carnac n'inspirent aucun étonnement. Il en reste quelques centaines debout; la plus haute a quatorze pieds.

Le Morbihan est sombre d'aspect et de souvenirs; pays de vieilles haines, de pèlerinages et de guerre civile, terre de caillou et race de granit. Là, tout dur; le temps y passe plus lentement. Les prêtres y sont très-forts. C'est pourtant une grave erreur de croire que ces populations

de l'Ouest, bretonnes et vendéennes, soient profondément
religieuses : dans plusieurs cantons de l'Ouest, le saint
qui n'exauce pas les prières risque d'être vigoureusement
fouetté[1]. En Bretagne, comme en Irlande, le catholicisme est cher aux hommes comme symbole de la nationalité. La religion y a surtout une influence politique.
Un prêtre irlandais qui se fait ami des Anglais est bientôt
chassé du pays. Nulle église, au moyen âge, ne resta plus
longtemps indépendante de Rome que celle d'Irlande et
de Bretagne. La dernière essaya longtemps de se soustraire à la primatie de Tours, et lui opposa celle de Dôle.

La noblesse innombrable et pauvre de la Bretagne était
plus rapprochée du laboureur. Il y avait là aussi quelque
chose des habitudes de clan. Une foule de familles de
paysans se regardaient comme nobles ; quelques-unes se
croyaient descendus d'Arthur ou de la fée Morgane, et
plantaient, dit-on, des épées pour limites à leurs champs.
Ils s'asseyaient et se couvraient devant leur seigneur en
signe d'indépendance. Dans plusieurs parties de la province, le servage était inconnu : les domaniers et quevai-
siers, quelque dure que fût leur condition, étaient libres
de leur corps, si leur terre était serve. Devant le plus fier
des Rohan[2], ils se seraient redressés en disant, comme ils
font, d'un ton si grave : *Me zo deuzar armoriq* ; et moi
aussi je suis Breton. Un mot profond a été dit sur la
Vendée, et il s'applique aussi à la Bretagne : *Ces populations sont au fond républicaines*[3] ; républicanisme social,
non politique.

Ne nous étonnons pas que cette race celtique, la plus

---

[1] Dans la Cornouaille. — Il leur est arrivé de même dans les guerres
des chouans de battre leurs chefs, et de leur obéir un moment après.
[2] On connaît les prétentions de cette famille descendue des Mac Tiern
de Léon. Au xvie siècle, ils avaient pris cette devise qui résume leur
histoire : « *Roi, ne puis, prince ne daigne, Rohan suis.*
[3] *App.*, O.

obstinée de l'ancien monde, ait fait quelques efforts dans
es derniers temps pour prolonger encore sa nationalité ;
elle l'a défendue de même au moyen âge. Pour que l'Anjou
prévalût au XII° siècle sur la Bretagne, il a fallu que les
Plantagenets devinssent, par deux mariages, rois d'Angleterre et ducs de Normandie et d'Aquitaine. La Bretagne,
pour leur échapper, s'est donnée à la France, mais il leur
a fallu encore un siècle de guerre entre les partis français
et anglais, entre les Blois et les Montfort. Quand le mariage
d'Anne avec Louis XII eut réuni la province au royaume,
quand Anne eut écrit sur le château de Nantes la vieille
devise du château des Bourbons (*Qui qu'en grogne, tel est
mon plaisir*), alors commença la lutte légale des états,
du Parlement de Rennes, sa défense du droit coutumier
contre le droit romain, la guerre des priviléges provinciaux contre la centralisation monarchique. Comprimée
durement par Louis XIV [1], la résistance recommença sous
Louis XV, et La Chalotais, dans un cachot de Brest, écrivit
avec un curedent son courageux factum contre les jésuites.

Aujourd'hui la résistance expire, la Bretagne devient
peu à peu toute France. Le vieil idiome, miné par l'infil-
tration continuelle de la langue française, recule peu à
peu. Le génie de l'improvisation poétique, qui a subsisté
si longtemps chez les Celtes d'Irlande et d'Écosse, qui chez
nos Bretons même n'est pas tout à fait éteint, devient
pourtant une singularité rare. Jadis, aux demandes de
mariage, le bazvalan [2] chantait un couplet de sa composition ; la jeune fille répondait quelques vers. Aujourd'hui
ce sont des formules apprises par cœur qu'ils débitent. Les
essais, plus hardis qu'heureux des Bretons qui ont essayé

---

[1] V. les Lettres de Mme de Sévigné, 1675, de septembre en décembre.
Il y eut un très-grand nombre d'hommes roués, pendus, envoyés aux
galères. Elle en parle avec une légèreté qui fait mal.

[2] Le bazvalan était celui qui se chargeait de demander les filles en
mariage. C'était le plus souvent un tailleur, qui se présentait avec un
bas bleu et un blanc.

de raviver par la science la nationalité de leur pays, n'ont été accueillis que par la risée. Moi-même j'ai vu à T*** le savant ami de le Brigant, le vieux M. D*** (qu'ils ne connaissent que sous le nom de M. Système). Au milieu de cinq ou six volumes dépareillés, le pauvre vieillard, seul, couché sur une chaise séculaire, sans soin filial, sans famille, se mourait de la fièvre entre une grammaire irlandaise et une grammaire hébraïque. Il se ranima pour me déclamer quelques vers bretons sur un rhythme emphatique et monotone qui, pourtant, n'était pas sans charme. Je ne pus voir, sans compassion profonde, ce représentant de la nationalité celtique, ce défenseur expirant d'une langue et d'une poésie expirantes.

Nous pouvons suivre le monde celtique, le long de la Loire, jusqu'aux limites géologiques de la Bretagne, aux ardoisières d'Angers; ou bien jusqu'au grand monument druidique de Saumur, le plus important peut-être qui reste aujourd'hui; ou encore jusqu'à Tours, la métropole ecclésiastique de la Bretagne, au moyen âge.

Nantes est un demi-Bordeaux, moins brillant et plus sage, mêlé d'opulence coloniale et de sobriété bretonne. Civilisé entre deux barbaries, commerçant entre deux guerres civiles, jeté là comme pour rompre la communication. A travers passe la grande Loire, tourbillonnant entre la Bretagne et la Vendée; le fleuve des noyades. *Quel torrent !* écrivait Carrier, enivré de la poésie de son crime, *quel torrent révolutionnaire que cette Loire!*

C'est à Saint-Florent, au lieu même où s'élève la colonne du vendéen Bonchamps, qu'au ixᵉ siècle le breton Noménoé, vainqueur des Northmans, avait dressé sa propre statue; elle était tournée vers l'Anjou, vers la France, qu'il regardait comme sa proie [1]. Mais l'Anjou devait l'empor-

---

[1] Charles le Chauve, à son tour, s'en fit élever une en regard de la Bretagne.

ter. La grande féodalité dominait chez cette population plus disciplinable ; la Bretagne, avec son innombrable petite noblesse, ne pouvait faire de grande guerre ni de conquête. La *noire ville* d'Angers porte, non-seulement dans son vaste château et dans sa Tour du Diable, mais sur sa cathédrale même, ce caractère féodal. Cette église Saint-Maurice est chargée, non de saints, mais de chevaliers armés de pied en cap : toutefois ses flèches boiteuses, l'une sculptée, l'autre nue, expriment suffisamment la destinée incomplète de l'Anjou. Malgré sa belle position sur le triple fleuve de la Maine, et si près de la Loire, où l'on distingue à leur couleur les eaux des quatre provinces, Angers dort aujourd'hui. C'est bien assez d'avoir quelque temps réuni sous ses Plantagenets, l'Angleterre, la Normandie, la Bretagne et l'Aquitaine ; d'avoir plus tard, sous le bon René et ses fils, possédé, disputé, revendiqué du moins les trônes de Naples, d'Aragon, de Jérusalem et de Provence, pendant que sa fille Marguerite soutenait la Rose rouge contre la Rose blanche, et Lancastre contre York. Elles dorment aussi au murmure de la Loire, les villes de Saumur et de Tours, la capitale du protestantisme, et la capitale du catholicisme [1] en France ; Saumur, le petit royaume des prédicants et du vieux Duplessis-Mornay, contre lesquels leur bon ami Henri IV bâtit la Flèche aux jésuites. Son château de Mornay et son prodigieux *dolmen* [2] font toujours de Saumur une ville historique. Mais bien autrement historique est la bonne ville de Tours, et son tombeau de saint Martin, le vieil asile, le vieil oracle, le Delphes de la France, où les Mérovingiens venaient consulter les sorts, ce grand et lucratif pèlerinage pour lequel les comtes de Blois et d'Anjou ont tant rompu de lances. Mans, Angers, toute la Bretagne, dépendaient de l'archevêché de Tours ; ses chanoines, c'étaient les Ca-

[1] Du moins à l'époque mérovingienne.
[2] *App.*, 7.

pets, et les ducs de Bourgogne, de Bretagne, et le comte
de Flandre et le patriarche de Jérusalem, les archevêques
de Mayence, de Cologne, de Compostelle. Là, on battait
monnaie, comme à Paris ; là, on fabriqua de bonne heure
la soie, les tissus précieux, et aussi, s'il faut le dire, ces
confitures, ces rillettes, qui ont rendu Tours et Reims
également célèbres ; villes de prêtres et de sensualité. Mais
Paris, Lyon et Nantes ont fait tort à l'industrie de Tours.
C'est la faute aussi de ce doux soleil, de cette molle Loire ;
le travail est chose contre nature dans ce paresseux climat de Tours, de Blois et de Chinon, dans cette patrie de
Rabelais, près du tombeau d'Agnès Sorel. Chenonceaux,
Chambord, Montbazon, Langeais, Loches, tous les favoris
et favorites de nos rois, ont leurs châteaux le long de la
rivière. C'est le pays du *rire* et du *rien faire*. Vive verdure
en août comme en mai, des fruits, des arbres. Si vous regardez du bord, l'autre rive semble suspendue en l'air,
tant l'eau réfléchit fidèlement le ciel : sable au bas, puis le
saule qui vient boire dans le fleuve ; derrière, le peuplier,
le tremble, le noyer, et les îles fuyant parmi les îles ; en
montant, des têtes rondes d'arbres qui s'en vont mouton-
nant doucement les uns sur les autres. Molle et sensuelle
contrée, c'est bien ici que l'idée dut venir de faire la
femme reine des monastères, et de vivre sous elle dans
une voluptueuse obéissance, mêlée d'amour et de sainteté
Aussi jamais abbaye n'eut la splendeur de Fontevrault .
Il en reste aujourd'hui cinq églises. Plus d'un roi voulut
être enterré : même le farouche Richard Cœur-de-Lion
leur légua son cœur ; il croyait que ce cœur meurtrier
et parricide finirait par reposer peut-être dans une douce
main de femme, et sous la prière des vierges.

Pour trouver sur cette Loire quelque chose de moins
mou et de plus sévère, il faut remonter au coude par

lequel elle s'approche de la Seine, jusqu'à la sérieuse
Orléans, ville de légistes au moyen âge, puis calviniste,
puis janséniste, aujourd'hui industrielle. Mais je parlerai
plus tard du centre de la France; il me tarde de pousser
au midi; j'ai parlé des Celtes de Bretagne, je veux m'ache-
miner vers les Ibères, vers les Pyrénées.

Le Poitou, que nous trouvons de l'autre côté de la
Loire, en face de la Bretagne et de l'Anjou, est un pays
formé d'éléments très-divers, mais non point mélangés.
Trois populations fort distinctes y occupent trois bandes
de terrains qui s'étendent du nord au midi. De là les
contradictions apparentes qu'offre l'histoire de cette province. Le Poitou est le centre du calvinisme au xvɪᵉ siècle,
il recrute les armées de Coligny, et tente la fondation
d'une république protestante; et c'est du Poitou qu'est
sortie de nos jours l'opposition catholique et royaliste de
la Vendée. La première époque appartient surtout aux
hommes de la côte; la seconde, surtout, au Bocage vendéen. Toutefois l'une et l'autre se rapportent à un même
principe, dont le calvinisme républicain, dont le royalisme
catholique n'ont été que la forme : esprit indomptable
d'opposition au gouvernement central.

Le Poitou est la bataille du Midi et du Nord. C'est près
de Poitiers que Clovis a défait les Goths, que Charles-
Martel a repoussé les Sarrasins, que l'armée anglo-gas-
conne du prince Noir a pris le roi Jean. Mêlé de droit
romain et de droit coutumier, donnant ses légistes au
Nord, ses troubadours au Midi, le Poitou est lui-même
comme sa Mélusine [1], assemblage de natures diverses,
moitié femme et moitié serpent. C'est dans le pays du
mélange, dans le pays des mulets et des vipères [2], que ce
mythe étrange a dû naître.

[1] Voy. les Éclaircissements.
[2] *App.*, 9

Ce génie mixte et contradictoire a empêché le Poitou de rien achever; il a tout commencé. Et d'abord la vieille ville romaine de Poitiers, aujourd'hui si solitaire, fut, avec Arles et Lyon, la première école chrétienne des Gaules. Saint Hilaire a partagé les combats d'Athanase pour la divinité de Jésus-Christ. Poitiers fut pour nous, sous quelques rapports, le berceau de la monarchie, aussi bien que du christianisme. C'est de sa cathédrale que brilla pendant la nuit la colonne de feu qui guida Clovis contre les Goths. Le roi de France était abbé de Saint-Hilaire de Poitiers, comme de Saint-Martin de Tours. Toutefois cette dernière église, moins lettrée, mais mieux située, plus populaire, plus féconde en miracles, prévalut sur sa sœur aînée. La dernière lueur de la poésie latine avait brillé à Poitiers avec Fortunat; l'aurore de la littérature moderne y parut au XIIᵉ siècle; Guillaume VII est le premier troubadour. Ce Guillaume, excommunié pour avoir enlevé la vicomtesse de Châtellerault, conduisit, dit-on, cent mille hommes à la terre sainte[1], mais il emmena aussi la foule de ses maîtresses[2]. C'est de lui qu'un vieil auteur dit : « Il fut bon troubadour, bon chevalier d'armes, et courut longtemps le monde pour tromper les dames. » Le Poitou semble avoir été alors un pays de libertins spirituels et de libres penseurs. Gilbert de la Porée, né à Poitiers, et évêque de cette ville, collègue d'Abailard à l'école de Chartres, enseigna avec la même hardiesse, fut comme lui attaqué par saint Bernard, se rétracta comme lui, mais ne se releva pas comme le logicien breton. La philosophie poitevine naît et meurt avec Gilbert.

La puissance politique du Poitou n'eut guère meilleure destinée. Elle avait commencé au IXᵉ siècle par la lutte

---

[1] Il arriva avec six hommes devant Antioche.

[2] L'évêque d'Angoulême lui disait : « Corrigez-vous ; » le comte lui répondit : « Quand tu te peigneras. » L'évêque était chauve.

que soutint, contre Charles le Chauve, Aymon, père de Renaud, comte de Gascogne, et frère de Turpin, comte d'Angoulême. Cette famille voulait être issue des deux fameux héros de romans, saint Guillaume de Toulouse, et Gérard de Roussillon, comte de Bourgogne. Elle fut en effet grande et puissante, et se trouva quelque temps à la tête du Midi. Ils prenaient le titre de ducs d'Aquitaine, mais ils avaient trop forte partie dans les populations de Bretagne et d'Anjou, qui les serraient au nord; les Angevins leur enlevèrent partie de la Touraine, Saumur, Loudun, et les tournèrent en s'emparant de Saintes. Cependant les comtes de Poitou s'épuisaient pour faire prévaloir dans le Midi, particulièrement sur l'Auvergne, sur Toulouse, ce grand titre de ducs d'Aquitaine; ils se ruinaient en lointaines expéditions d'Espagne et de Jérusalem; hommes brillants et prodigues, chevaliers troubadours souvent brouillés avec l'Église, mœurs légères et violentes, adultères célèbres, tragédies domestiques. Ce n'était pas la première fois qu'une comtesse de Poitiers assassinait sa rivale, lorsque la jalouse Éléonore de Guyenne fit périr la belle Rosemonde dans le labyrinthe où son époux l'avait cachée.

Les fils d'Éléonore, Henri, Richard Cœur-de-Lion et Jean, ne surent jamais s'ils étaient Poitevins ou Anglais, Angevins ou Normands. Cette lutte intérieure de deux natures contradictoires se représenta dans leur vie mobile et orageuse. Henri III, fils de Jean, fut gouverné par les Poitevins; on sait quelles guerres civiles il en coûta à l'Angleterre. Une fois réuni à la monarchie, le Poitou du *marais* et de la plaine se laissa aller au mouvement général de la France. Fontenai fournit de grands légistes, les Tiraqueau, les Besly, les Brisson. La noblesse du Poitou donna force courtisans habiles (Thouars, Mortemar, Meilleraie, Mauléon). Le plus grand politique et l'écrivain le plus populaire de la France, appartiennent au Poitou oriental : Richelieu et Voltaire ; ce dernier, né à Paris, était d'une famille de Parthenay [1].

Mais ce n'est pas là toute la province. Le plateau des deux Sèvres verse ses rivières, l'une vers Nantes, l'autre vers Niort et La Rochelle. Les deux contrées excentriques qu'elles traversent, sont fort isolées de la France. La seconde, petite Hollande [2], répandue en marais, en canaux, ne regarde que l'Océan, que La Rochelle. La *ville blanche* [3] comme la ville noire. La Rochelle comme Saint-Malo, fut originairement un asile ouvert par l'Église aux juifs, aux serfs, aux *coliberts* du Poitou. Le pape protégea l'une comme l'autre [4] contre les seigneurs. Elles grandirent affranchies de dîme et de tribut. Une foule d'aventuriers, sortis de cette populace sans nom, exploitèrent les mers comme marchands, comme pirates ; d'autres exploitèrent la cour et mirent au service des rois leur génie démocratique, leur haine des grands. Sans remonter jusqu'au serf Leudaste, de l'île de Ré, dont Grégoire de Tours nous a conservé la curieuse histoire, nous citerons le fameux cardinal de Sion, qui arma les Suisses pour Jules II, les chanceliers Olivier sous Charles IX, Balue et Doriole sous Louis XI ; ce prince aimait à se servir de ces intrigants, sauf à les loger ensuite dans une cage de fer.

La Rochelle crut un instant devenir une Amsterdam, dont Coligny eût été le Guillaume d'Orange. On sait les deux fameux siéges contre Charles IX et Richelieu, tant d'efforts héroïques, tant d'obstination, et ce poignard que le maire avait déposé sur la table de l'hôtel de ville, pour celui qui parlerait de se rendre. Il fallut bien qu'ils cédas-

---

[1] Il y aurait encore des Arouet dans les environs de cette ville, au village de Saint-Loup.
[2] *App.*, 10.
[3] Les Anglais donnaient autrefois ce nom à La Rochelle, à cause du reflet de la lumière sur les rochers et les falaises.
[4] *App.*, 11.

sent pourtant, quand l'Angleterre, trahissant la cause
protestante et son propre intérêt, laissa Richelieu fermer
leur port ; on distingue encore à la marée basse les restes
de l'immense digue. Isolée de la mer, la ville amphibie ne
fit plus que languir. Pour mieux la museler, Rochefort fut
fondé par Louis XIV à deux pas de La Rochelle, le port du
roi à côté du port du peuple.

 Il y avait pourtant une partie du Poitou qui n'avait guère
paru dans l'histoire, que l'on connaissait peu et qui s'igno-
rait elle-même. Elle s'est révélée par la guerre de la
Vendée. Le bassin de la Sèvre nantaise, les sombres collines qui l'environnent, tout le Bocage vendéen, telle fut
la principale et première scène de cette guerre terrible
qui embrasa tout l'Ouest. Cette Vendée qui a quatorze
rivières, et pas une navigable [1], pays perdu dans ses
haies et ses bois, n'était, quoi qu'on ait dit, ni plus
religieuse, ni plus royaliste que bien d'autres provinces
frontières, mais elle tenait à ses habitudes. L'ancienne
monarchie, dans son imparfaite centralisation, les avait
peu troublées ; la Révolution voulut les lui arracher et
l'amener d'un coup à l'unité nationale ; brusque et vio-
lente, portant partout une lumière subite, elle effaroucha
ces fils de la nuit. Ces paysans se trouvèrent des héros. On
sait que le voiturier Cathelineau pétrissait son pain quand
il entendit la proclamation républicaine ; il essuya tout
simplement ses bras et prit son fusil [2]. Chacun en fit autant et l'on marcha droit aux *bleus*. Et ce ne fut pas homme
à homme, dans les bois, dans les ténèbres, comme les
chouans de Bretagne, mais en masse, en corps de peuple,

---

[1] *App.*, 12.
[2] Il résulte de l'interrogatoire de d'Elbée que la véritable cause de
l'insurrection vendéenne fut la levée de 300,000 mille hommes décrétée
par la République. Les Vendéens haïssent le service militaire, qui les
éloigne de chez eux. Lorsqu'il a fallu fournir un contingent pour la
garde de Louis XVIII, il ne s'est pas trouvé un seul volontaire.

et en plaine. Ils étaient près de cent mille au siége de Nantes. La guerre de Bretagne est comme une ballade guerrière du *border* écossais, celle de Vendée une iliade.

En avançant vers le Midi, nous passerons la sombre ville de Saintes et ses belles campagnes, les champs de bataille de Taillebourg et de Jarnac, les grottes de la Charente et ses vignes dans les marais salants. Nous traverserons même rapidement le Limousin, ce pays élevé, froid, pluvieux [1], qui verse tant de fleuves. Ses belles collines granitiques, arrondies en demi-globes, ses vastes forêts de châtaigniers, nourrissent une population honnête, mais lourde, timide et gauche par indécision. Pays souffrant, disputé si long-temps entre l'Angleterre et la France. Le bas Limousin est autre chose ; le caractère remuant et spirituel des méridionaux y est déjà frappant. Les noms des Ségur, des Saint-Aulaire, des Noailles, des Ventadour, des Pompadour, et surtout des Turenne, indiquent assez combien les hommes de ces pays se sont rattachés au pouvoir central et combien ils y ont gagné. Ce drôle de cardinal Dubois était de Brives-la-Gaillarde.

Les montagnes du haut Limousin se lient à celles de l'Auvergne, et celles-ci avec les Cévennes. L'Auvergne est la vallée de l'Allier, dominée à l'ouest par la masse du Mont-Dor, qui s'élève entre le pic ou Puy-de-Dôme et la masse du Cantal. Vaste incendie éteint, aujourd'hui paré presque partout d'une forte et rude végétation [2]. Le noyer pivote sur le basalte, et le blé germe sur la pierre ponce [3]. Les feux intérieurs ne sont pas tellement assoupis que certaine vallée ne fume encore, et que les *étouffis* du Mont-Dor ne rappellent la Solfatare et la Grotte du chien. Villes noires, bâties de lave (Clermont, Saint-Flour, etc.). Mais

[1] Proverbe : « Le Limousin ne périra pas par sécheresse. »
[2] Les produits de la terre, comme de l'industrie, sont communs et grossiers, abondants il est vrai.
[3] Au nord de Saint-Flour, la terre est couverte d'une couche épaisse de pierres ponces, et n'en est pas moins très-fertile.

la campagne est belle, soit que vous parcouriez les vastes
et solitaires prairies du Cantal et du Mont-Dor, au bruit
monotone des cascades, soit que, de l'île basaltique où
repose Clermont, vous promeniez vos regards sur la fertile
Limagne et sur le Puy-de-Dôme, ce joli *dé à coudre* de
sept cents toises, voilé, dévoilé tour à tour par les nuages
qui l'aiment et qui ne peuvent ni le fuir ni lui rester. C'est
qu'en effet l'Auvergne est battue d'un vent éternel et contradictoire, dont les vallées opposées et alternées de ses
montagnes animent, irritent les courants. Pays froid sous
un ciel déjà méridional, où l'on gèle sur les laves. Aussi,
dans les montagnes, la population reste l'hiver presque
toujours blottie dans les étables, entourée d'une chaude et
lourde atmosphère [1]. Chargée, comme les Limousins, de
je ne sais combien d'habits épais et pesants, on dirait une
race méridionale [2] grelottant au vent du nord, et comme
resserrée, durcie, sous ce ciel étranger. Vin grossier, fromage amer [3], comme l'herbe rude d'où il vient. Ils vendent
aussi leurs laves, leurs pierres ponces, leurs pierreries
communes [4], leurs fruits communs qui descendent l'Allier
par bateau. Le rouge, la couleur barbare par excellence, est
celle qu'ils préfèrent ; ils aiment le gros vin rouge, le bétail
rouge. Plus laborieux qu'industrieux, ils labourent encore
souvent les terres fortes et profondes de leurs plaines avec
la petite charrue du Midi qui égratigne à peine le sol [5]. Ils

[1] *App.*, 13.
[2] En Limagne, race laide, qui semble méridionale; de Brioude jusqu'aux sources de l'Allier, on dirait des crétins ou des mendiants espagnols. (De Pradt.)
[3] L'amertume de leurs fromages tient, soit à la façon, soit à la dureté
et l'aigreur de l'herbe, les pâturages ne sont jamais renouvelés.
[4] Jusqu'en 1784, les Espagnols venaient acheter les pierreries grossières de l'Auvergne.
[5] Dans le pays d'outre-Loire, on n'emploie guère que l'*araire*, petite
charrue insuffisante pour les terres fortes. Dans tout le Midi, les chariots
et outils sont petits et faibles. — Arthur Young vit avec indignation
cette petite charrue qui effleurait la terre, et calomniait sa fertilité.

ont beau émigrer tous les ans des montagnes, ils rapportent quelque argent, mais peu d'idées. .

Et pourtant il y a une force réelle dans les hommes de cette race, une séve amère, acerbe peut-être, mais vivace comme l'herbe du Cantal. L'âge n'y fait rien. Voyez quelle verdeur dans leurs vieillards, les Dulaure, les de Pradt; et ce Montlosier octogénaire, qui gouverne ses ouvriers et tout ce qui l'entoure, qui plante et qui bâtit, et qui écrirait au besoin un nouveau livre contre le *parti-prêtre* ou pour la féodalité, ami, et en même temps. ennemi du moyen âge [1].

Le génie inconséquent et contradictoire que nous remarquions dans d'autres provinces de notre zone moyenne, atteint son apogée dans l'Auvergne. Là se trouvent ces grands légistes [2], ces logiciens du parti gallican, qui ne surent jamais s'ils étaient pour ou contre. le pape : le chancelier de l'Hôpital; les Arnaud; le sévère Domat, Papinien janséniste, qui essaya d'enfermer le droit dans le christianisme; et son ami Pascal, le seul homme du XVIIe siècle qui ait senti la crise religieuse entre Montaigne et Voltaire, âme souffrante où apparaît si merveilleusement le combat du doute et de l'ancienne foi.

Je pourrais entrer par le Rouergue dans la grande vallée du Midi. Cette province en marque le coin d'un accident bien rude [3]. Elle n'est elle-même, sous ses sombres châtaigniers, qu'un énorme monceau de houille, de fer, de cuivre, de plomb. La houille [4] y brûle en plusieurs lieues, consumée d'incendies séculaires qui n'ont rien de volcanique. Cette terre, maltraitée et du froid et du chaud dans

[1] 1833.
[2] Domat, de Clermont: les Laguesle, de Vic-le-Comte; Duprat et Birillon, son secrétaire, d'Issoire ; l'Hôpital, d'Aigueperse; Anne Dubourg, de Riom: Pierre Lizel, premier président du Parlement de Paris, au XVIe siècle; les Du Vair, d'Aurillac, etc.
[3] *App.*, 14.
[4] La houille forme plus des deux tiers de ce département.

la variété de ses expositions et de ses climats, gercée de
précipices, tranchée par deux torrents, le Tarn et l'Aveyron, a peu à envier à l'âpreté des Cévennes. Mais j'aime
mieux entrer par Cahors. Là tout se revêt de vignes. Les
mûriers commencent avant Montauban. Un paysage de
trente ou quarante lieues s'ouvre devant vous, vaste océan
d'agriculture, masse animée, confuse, qui se perd au loin
dans l'obscur; mais par-dessus s'élève la forme fantastique
des Pyrénées aux têtes d'argent. Le bœuf attelé par les
cornes laboure la fertile vallée, la vigne monte à l'orme.
Si vous appuyez à gauche vers les montagnes, vous trouvez déjà la chèvre suspendue au coteau aride, et le mulet,
sous sa charge d'huile, suit à mi-côte le petit sentier. A
midi, un orage, et la terre est un lac; en une heure, le
soleil a tout bu d'un trait. Vous arrivez le soir dans quelque grande et triste ville, si vous voulez, à Toulouse. A
cet accent sonore, vous vous croiriez en Italie; pour vous
détromper, il suffit de regarder ces maisons de bois et de
brique; la parole brusque, l'allure hardie et vive vous
rappelleront aussi que vous êtes en France. Les gens aisés
du moins sont Français; le petit peuple est tout autre
chose, peut-être Espagnol ou Maure. C'est ici cette vieille
Toulouse, si grande sous ses comtes; sous nos rois, son
Parlement lui a donné encore la royauté, la tyrannie du
Midi. Ces légistes violents, qui portèrent à Boniface VIII le
soufflet de Philippe le Bel, s'en justifièrent souvent aux
dépens des hérétiques; ils en brûlèrent quatre cents en
moins d'un siècle. Plus tard, ils se prêtèrent aux ven-
geances de Richelieu, jugèrent Montmorency et le décapi-
tèrent dans leur belle salle marquée de rouge [1]. Ils se glo-
rifiaient d'avoir le capitole de Rome, et la cave aux morts [2]
de Naples, où les cadavres se conservaient si bien. Au ca-

---

[1] Elle l'était encore au dernier siècle. (Piganiol de la Force.)
[2] On y conservait des morts de cinq cents ans.

pitole de Toulouse, les archives de la ville étaient gardées dans une armoire de fer, comme celles des flamines romains ; et le sénát gascon avait écrit sur les murs de sa curie : *Videant consules ne quid respublica detrimenti capiat* [1].

Toulouse est le point central du grand bassin du Midi. C'est là, ou à peu près, que viennent les eaux des Pyrénées et des Cévennes, le Tarn et la Garonne, pour s'en aller ensemble à l'Océan. La Garonne reçoit tout. Les rivières sinueuses et tremblotantes du Limousin et de l'Auvergne y coulent au nord, par Périgueux, Bergerac ; de l'est et des Cévennes, le Lot, la Viaur, l'Aveyron et le Tarn s'y rendent avec quelques coudes plus ou moins brusques, par Rodez et Alby. Le Nord donne les rivières, le Midi les torrents. Des Pyrénées descend l'Ariége ; et la Garonne, déjà grosse du Gers et de la Baize, décrit au nord-ouest une courbe élégante, qu'au midi répète l'Adour dans ses petites proportions. Toulouse sépare à peu près le Languedoc de la Guyenne, ces deux contrées si différentes sous la même latitude. La Garonne passe la vieille Toulouse, le vieux Languedoc romain et gothique, et, grandissant toujours, elle s'épanouit comme une mer en face de la mer, en face de Bordeaux. Celle-ci, longtemps capitale de la France anglaise, plus longtemps anglaise de cœur, est tournée, par l'intérêt de son commerce, vers l'Angleterre, vers l'Océan, vers l'Amérique. La Garonne, disons maintenant la Gironde, y est deux fois plus large que la Tamise à Londres.

Quelque belle et riche que soit cette vallée de la Garonne, on ne peut s'y arrêter ; les lointains sommets des Pyrénées ont un trop puissant attrait. Mais le chemin est sérieux. Soit que vous preniez par Nérac, triste seigneurie des Albret, soit que vous cheminiez le long de la côte, vous ne

[1] Millin.

voyez qu'un océan de landes, tout au plus des arbres à
liége, de vastes *pinadas*, route sombre et solitaire, sans autre compagnie que les troupeaux de moutons noirs [1] qui
suivent leur éternel voyage des Pyrénées aux Landes, et
vont, des montagnes à la plaine, chercher la chaleur au
nord, sous la conduite du pasteur landais. La vie voyageuse
des bergers est un des caractères pittoresques du Midi.
Vous les rencontrez montant des plaines du Languedoc aux
Cévennes, aux Pyrénées, et de la Crau provençale aux montagnes de Gap et de Barcelonnette. Ces nomades, portant
tout avec eux, compagnons des étoiles, dans leur éternelle
solitude, demi-astronomes et demi-sorciers, continuent
la vie asiatique, la vie de Lot et d'Abraham, au milieu de
notre Occident. Mais en France les laboureurs, qui redou-
tent leur passage, les resserrent dans d'étroites routes.
C'est aux Apennins, aux plaines de la Pouille ou de la campagne de Rome, qu'il faut les voir marcher dans la liberté
du monde antique. En Espagne, ils règnent ; ils dévastent
impunément le pays. Sous la protection de la toute-puis-
sante compagnie de la *Mesta*, qui emploie de quarante à
soixante mille bergers, le triomphant mérinos mange la
contrée, de l'Estramadure à la Navarre, à l'Aragon. Le berger espagnol, plus farouche que le nôtre, a lui-même l'aspect d'une de ses bêtes, avec sa peau de mouton sur le
dos, et aux jambes son *abarca* de peau velue de bœuf, qu'il
attache avec des cordes.

La formidable barrière de l'Espagne nous apparaît enfin
dans sa grandeur. Ce n'est point, comme les Alpes, un système compliqué de pics et de vallées, c'est tout simplement
un mur immense qui s'abaisse aux deux bouts [2]. Tout autre passage est inaccessible aux voitures, et fermé au mulet, à l'homme même, pendant six ou huit mois de l'année.

[1] *App.*, 15.
[2] Le mot basque *murua* signifie muraille, et Pyrénées. (V. de Hum-
boldt.)

Deux peuples à part, qui ne sont réellement ni Espagnols ni Français, les Basques à l'ouest, à l'est les Catalans et Roussillonnais [1], sont les portiers des deux mondes. Ils ouvrent et ferment ; portiers irritables et capricieux, las de l'éternel passage des nations, ils ouvrent à Abdérame, ils ferment à Roland ; il y a bien des tombeaux entre Roncevaux et la Seu d'Urgel.

Ce n'est pas à l'historien qu'il appartient de décrire et d'expliquer les Pyrénées. Vienne la science de Cuvier et d'Élie de Beaumont, qu'ils racontent cette histoire antéhistorique. Ils y étaient eux, et moi je n'y étais pas, quand la nature improvisa sa prodigieuse épopée géologique, quand la masse embrasée du globe souleva l'axe des Pyrénées, quand les monts se fendirent, et que la terre, dans la torture d'un titanique enfantement, poussa contre le ciel la noire et chauve *Maladetta*. Cependant une main consolante revêtit peu à peu les plaies de la montagne de ces vertes prairies, qui font pâlir celles des Alpes [2]. Les pics s'émoussèrent et s'arrondirent en belles tours ; des masses inférieures vinrent adoucir les pentes abruptes, en retardèrent la rapidité, et formèrent du côté de la France cet escalier colossal dont chaque gradin est un mont [3].

Montons donc, non pas au Vignemale, non pas au Mont-Perdu [4], mais seulement au por de Paillers, où les eaux se

---

[1] A. Young, I. « Le Roussillon est vraiment une partie de l'Espagne, les habitants sont Espagnols de langage et de mœurs. Les villes font exception ; elles ne sont guère peuplées que d'étrangers. Les pêcheurs des côtes ont un aspect tout moresque. — La partie centrale des Pyrénées, le comté de Foix (Ariége), est toute française d'esprit et de langage ; peu ou point de mots catalans.

[2] Ramond. « Ces pelouses des hautes montagnes, près de qui la verdure même des vallées inférieures a je ne sais quoi de cru et de faux. » — Laboulinière. « Les eaux des Pyrénées sont pures, et offrent la jolie nuance appelée *vert d'eau*. » — Dralet. « Les rivières des Pyrénées, dans leurs débordements ordinaires, ne déposent pas, comme celles des Alpes, un limon malfaisant, au contraire... » — [3] *App.*, 16.

[4] On sait que le grand poëte de Pyrénées, Ramond, a cherché le Mont-Perdu pendant dix ans. — « Quelques-uns, dit-il, assuraient que

partagent entre les deux mers, ou bien entre Bagnère et
Baréges, entre le beau et le sublime [1]. Là vous saisirez la
fantastique beauté des Pyrénées, ces sites étranges, incompatibles, réunis par une inexplicable féerie [2]; et cette atmosphère magique, qui tour à tour rapproche, éloigne les
objets [3]; ces gaves écumants ou vert d'eau, ces prairies
d'émeraude. Mais bientôt succède l'horreur sauvage des
grandes montagnes, qui se cachent derrière, comme un
monstre sous un masque de belle jeune fille. N'importe,
persistons, engageons-nous le long du gave de Pau, par
ce triste passage, à travers ces entassements infinis de
blocs de trois et quatre mille pieds cubes ; puis les rochers
aigus, les neiges permanentes, puis les détours du gave,
battu, rembarré durement d'un mont à l'autre ; enfin le
prodigieux Cirque et ses tours dans le ciel. Au pied, douze
sources alimentent le gave, qui mugit sous des *ponts de
neige*, et cependant tombe de treize cents pieds, la plus
haute cascade de l'ancien monde [4].

Ici finit la France. Le por de Gavarnie, que vous voyez
là-haut, ce passage tempétueux, où, comme ils disent, le
fils n'attend pas le père [5], c'est la porte de l'Espagne. Une

le plus hardi chasseur du pays n'avait atteint la cime du Mont-Perdu
qu'à l'aide du diable, qui l'y avait conduit par dix-sept degrés. » Le
Mont-Perdu est la plus haute montagne des Pyrénées françaises, comme
le Vignemale, la plus haute des Pyrénées espagnoles.

[1] C'est entre ces deux vallées, sur le plateau appelé la *Hourquette des
cinq Ours*, que le vieil astronome Plantade expira près de son quart de
cercle, en s'écriant : « Grand Dieu ! que cela est beau ! »

[2] Ramond. « A peine on pose le pied sur la corniche, que la décoration change, et le bord de la terrasse coupe toute communication
entre deux sites incompatibles. De cette ligne, qu'on ne peut aborder
sans quitter l'un ou l'autre, et qu'on ne saurait outre-passer sans en
perdre un de vue, il semble impossible qu'ils soient réels à la fois ; et
s'ils n'étaient point liés par la chaîne du Mont-Perdu, qui en sauve un
peu le contraste, on serait tenté de regarder comme une vision, ou celui
qui vient de disparaître, ou celui qui vient de le remplacer.

[3] Laboulinière.

[4] Elle a mille deux cent soixante-dix pieds de hauteur (Dralet.)

[5] Ibid.

immense poésie historique plane sur cette limite des deux
mondes, où vous pourriez voir à votre choix, si le regard
était assez perçant, Toulouse ou Saragosse. Cette embra-
sure de trois cents pieds dans les montagnes, Roland l'ouvrit en deux coups de sa Durandal. C'est le symbole du
combat éternel de la France et de l'Espagne, qui n'est
autre que celui de l'Europe et de l'Afrique. Roland périt,
mais la France a vaincu. Comparez les deux versants :
combien le nôtre a l'avantage [1]. Le versant espagnol, ex-
posé au midi, est tout autrement abrupte, sec et sauvage;
le français, en pente douce, mieux ombragé, couvert de
belles prairies, fournit à l'autre une grande partie des
bestiaux dont il a besoin. Barcelone vit de nos bœufs [2]. Ce
pays de vins et de pâturages est obligé d'acheter nos troupeaux et nos vins. Là, le beau ciel, le doux climat et l'in-
digence : ici, la brume et la pluie, mais l'intelligence, la
richesse et la liberté. Passez la frontière, comparez nos
routes splendides et leurs âpres sentiers [3] ; ou seulement,
regardez ces étrangers aux eaux de Cauterets, couvrant
leurs haillons de la dignité du manteau, sombres, dédai-
gneux de se comparer. Grande et héroïque nation, ne
craignez pas que nous insultions à vos misères !

Qui veut voir toutes les races et tous les costumes des
Pyrénées, c'est aux foires de Tarbes qu'il doit aller. Il y
vient près de dix mille âmes : on s'y rend de plus de vingt
lieues. Là vous trouvez souvent à la fois le bonnet blanc du

---

[1] L'Èbre coule à l'est, vers Barcelone; la Garonne à l'ouest, vers
Toulouse et Bordeaux. Au canal de Louis XIV répond celui de Charles-
Quint. C'est toute la ressemblance.

[2] *App.*, 17.

[3] A. Young. « Entre Jonquières et Perpignan, sans passer une ville,
une barrière, ou même une muraille, on entre dans un nouveau monde.
Des pauvres et misérables routes de la Catalogne, vous passez tout d'un
coup sur une noble chaussée, faite avec toute la solidité et la magnifi-
cence qui distinguent les grands chemins de France; au lieu de ravines,
il y a des ponts bien bâtis; ce n'est plus un pays sauvage, désert et
pauvre. »

Bigorre, le brun de Foix, le rouge du Roussillon, quelquefois même le grand chapeau plat d'Aragon, le chapeau rond de Navarre, le bonnet pointu de Biscaye [1]. Le voiturier basque y viendra sur son âne, avec sa longue voiture à trois chevaux ; il porte le berret du Béarn ; mais vous distinguerez bien vite le Béarnais et le Basque ; le joli petit homme sémillant de la plaine, qui a la langue si prompte, la main aussi, et le fils de la montagne, qui la mesure rapidement de ses grandes jambes, agriculteur habile et fier de sa nation, dont il porte le nom. Si vous voulez trouver quelque analogue au Basque, c'est chez les Celtes de Bretagne, d'Écosse ou d'Irlande qu'il faut le chercher. Le Basque, aîné des races de l'Occident, immuable au coin des Pyrénées, a vu toutes les nations passer devant lui : Carthaginois, Celtes, Romains, Goths et Sarrasins. Nos jeunes antiquités lui font pitié. Un Montmorency disait à l'un d'eux : « Savez-vous que nous datons de mille ans ? — Et nous, dit le Basque, nous ne datons plus. »

Cette race a un instant possédé l'Aquitaine. Elle y a laissé pour souvenir le nom de Gascogne. Refoulée en Espagne au IXᵉ siècle, elle y fonda le royaume de Navarre, et en deux cents ans, elle occupa tous les trônes chrétiens d'Espagne (Galice, Asturies et Léon, Aragon, Castille). Mais la croisade espagnole poussant vers le Midi, les Navarrois, isolés du théâtre de la gloire européenne, perdirent tout peu à peu. Leur dernier roi, Sanche l'*Enfermé*, qui mourut d'un cancer, est le vrai symbole des destinées de son peuple. Enfermée en effet dans ses montagnes par des peuples puissants, rongée pour ainsi dire par les progrès de l'Espagne et de la France, la Navarre implora même les musulmans d'Afrique, et finit par se donner aux Français. Sanche anéantit son royaume en le léguant

[1] *App.*, 18.

à son gendre Thibault, comte de Champagne ; c'est Roland brisant sa Durandal pour la soustraire à l'ennemi. La maison de Barcelone, tige des rois d'Aragon et des comtes de Foix, saisit la Navarre à son tour, la donna un instant aux Albret, aux Bourbons, qui perdirent la Navarre pour gagner la France. Mais par un petit-fils de Louis XIV, descendu de Henri IV, ils ont repris non-seulement la Navarre, mais l'Espagne entière. Ainsi s'est vérifiée l'inscription mystérieuse du château de Coaraze, où fut élevé Henri IV : *Lo que a de ser no puede faltar :* « Ce qui doit être ne peut manquer. » Nos rois se sont intitulés rois de France et de Navarre. C'est une belle expression des origines primitives de la population française comme de la dynastie.

Les vieilles races, les races pures, les Celtes et les Basques, la Bretagne et la Navarre, devaient céder aux races mixtes, la frontière au centre, la nature à la civilisation. Les Pyrénées présentent partout cette image du dépérissement de l'ancien monde. L'antiquité y a disparu ; le moyen âge s'y meurt. Ces châteaux croulants, ces tours *des Maures*, ces ossements des Templiers qu'on garde à Gavarnie, y figurent, d'une manière toute significative, le monde qui s'en va. La montagne elle-même, chose bizarre, semble aujourd'hui attaquée dans son existence. Les cimes décharnées qui la couronnent témoignent de sa caducité[1]. Ce n'est pas en vain qu'elle est frappée de tant d'orages ; et d'en bas l'homme y aide. Cette profonde ceinture de forêts qui couvraient la nudité de la vieille mère, il l'arrache chaque jour. Les terres végétales, que le gramen retenait sur les pentes, coulent en bas avec les eaux. Le rocher reste nu ; gercé, exfolié par le chaud, par le froid, miné par la fonte des neiges, il est emporté par

---

[1] Plusieurs espèces animales disparaissent des Pyrénées. Le chat sauvage y est devenu rare ; le cerf en a disparu depuis deux cents ans, selon Buffon.

II. 3

les avalanches. Au lieu d'un riche pâturage, il reste un sol
aride et ruiné : le laboureur, qui a chassé le berger, n'y
gagne rien lui-même. Les eaux, qui filtraient doucement
dans la vallée à travers le gazon et les forêts, y tombent
maintenant en torrents, et vont couvrir ses champs des
ruines qu'il a faites. Quantité de hameaux ont quitté les
hautes vallées faute de bois de chauffage, et reculé vers la
France, fuyant leurs propres dévastations [1].

Dès 1673, on s'alarma. Il fut ordonné à chaque habitant
de planter tous les ans un arbre dans les forêts du do-
maine, deux dans les terrains communaux. Des forestiers
furent établis. En 1669, en 1756, et plus tard, de nouveaux règlements attestèrent l'effroi qu'inspirait le progrès
du mal. Mais à la Révolution, toute barrière tomba; la
population pauvre commença d'ensemble cette œuvre de
destruction. Ils escaladèrent, le feu et la bêche en main,
jusqu'au nid des aigles, cultivèrent l'abîme, pendus à une
corde. Les arbres furent sacrifiés aux moindres usages;
on abattait deux pins pour faire une paire de sabots [2]. En
même temps le petit bétail, se multipliant sans nombre,
s'établit dans la forêt, blessant les arbres, les arbrisseaux,
les jeunes pousses, dévorant l'espérance. La chèvre surtout, la bête de celui qui ne possède rien, bête aventu-
reuse, qui vit sur le commun, animal niveleur, fut l'ins-
trument de cette invasion dévastatrice, la Terreur du
désert. Ce ne fut pas le moindre des travaux de Bonaparte
de combattre ces monstres rongeants. En 1813, les chèvres
n'étaient plus le dixième de leur nombre en l'an X [3]. Il
n'a pu arrêter pourtant cette guerre contre la nature.

Tout ce Midi, si beau, c'est néanmoins, comparé au
Nord, un pays de ruines. Passez les paysages fantastiques
de Saint-Bertrand de Comminges et de Foix, ces villes

[1] *App.*, 19.
[2] Dralet. — [3] Ibid.

qu'on dirait jetées là par les fées; passez notre petite
Espagne de France, le Roussillon, ses vertes prairies, ses
brebis noires, ses romances catalanes, si douces à recueillir
le soir de la bouche des filles du pays. Descendez dans ce
pierreux Languedoc, suivez-en les collines mal ombra-
gées d'oliviers, au chant monotone de la cigale. Là, point
de rivières navigables; le canal des deux mers n'a pas
suffi pour y suppléer; mais force étangs salés, des terres
salées aussi, où ne croît que le salicor[1]; d'innombrables
sources thermales, du bitume et du baume, c'est une
autre Judée. Il ne tenait qu'aux rabbins des écoles juives
de Narbonne de se croire dans leur pays. Ils n'avaient pas
même à regretter la lèpre asiatique; nous en avons eu des
exemples récents à Carcassonne[2].

C'est que, malgré le *cers* occidental, auquel Auguste
dressa un autel, le vent chaud et lourd d'Afrique pèse sur
ce pays. Les plaies aux jambes ne guérissent guère à Narbonne[3]. La plupart de ces villes sombres, dans les plus
belles situations du monde, ont autour d'elles des plaines
insalubres : Albi, Lodève, Agde *la noire*[4], à côté de son
cratère. Montpellier, héritière de feue Maguelone, dont les
ruines sont à côté. Montpellier, qui voit à son choix les
Pyrénées, les Cévennes, les Alpes même, a près d'elle et
sous elle une terre malsaine, couverte de fleurs, tout aro-
matique, et comme profondément médicamentée; ville de
médecine, de parfums et de vert-de-gris[5].

[1] L'arrondissement de Narbonne en fournit la manufacture des glaces
de Venise.

[2] Trouvé.

[3] Selon le même auteur, il en est de même des plaies à la tête, à
Bordeaux. — Le cers et l'autan dominent alternativement en Languedoc. Le cers (*cyrch*, impétuosité, en gallois) est le vent d'ouest, violent,
mais salubre. — L'autan est le vent du sud-est, le vent d'Afrique, lourd
et putréfiant. *App.*, 20.

[4] Proverbe: *Agde, ville noire, caverne de voleurs.* Elle est bâtie de
laves. Lodève est noire aussi.

[5] Montpellier est célèbre par ses distilleries et parfumeries. On attri-

C'est une bien vieille terre que ce Languedoc. Vous y trouverez partout les ruines sous les ruines; les Camisards sur les Albigeois, les Sarrasins sur les Goths, sous ceux-ci les Romains, les Ibères. Les murs de Narbonne sont bâtis de tombeaux, de statues, d'inscriptions [1]. L'amphithéâtre de Nîmes est percé d'embrasures gothiques, couronné de créneaux sarrasins, noirci par les flammes de Charles-Martel. Mais ce sont encore les plus vieux qui ont le plus laissé; les Romains ont enfoncé la plus profonde trace; leur maison carrée, leur triple pont du Gard, leur énorme canal de Narbonne qui recevait les plus grands vaisseaux [2].

Le droit romain est bien une autre ruine, et tout autrement imposante. C'est à lui, aux vieilles franchises qui l'accompagnaient, que le Languedoc a dû de faire exception à la maxime féodale : Nulle terre sans seigneur. Ici la présomption était toujours pour la liberté. La féodalité ne put s'y introduire qu'à la faveur de la croisade, comme auxiliaire de l'Église, comme *familière* de l'Inquisition. Simon de Montfort y établit quatre cent trente-quatre fiefs. Mais cette colonie féodale, gouvernée par la Coutume de Paris, n'a fait que préparer l'esprit républicain de la province à la centralisation monarchique. Pays de liberté politique et de servitude religieuse, plus fanatique que dévot, le Languedoc a toujours nourri un vigoureux esprit

bue la découverte de l'eau-de-vie à Arnaud de Villeneuve, qui créa les parfumeries dans cette ville. — Autrefois Montpellier fabriquait seule le vert-de-gris; on croyait que les caves de Montpellier y étaient seules propres.

[1] Sous François Ier, les murs de Narbonne furent réparés et couverts de fragments de monuments antiques. L'ingénieur a placé les inscriptions sur les murs, et les fragments de bas-reliefs, près des portes et sur les voûtes. C'est un musée immense, amas de jambes, de têtes, de mains, de troncs, d'armes, de mots sans aucun sens; il y a près d'un million d'inscriptions presque entières, et qu'on ne peut lire, vu la largeur du fossé, qu'avec une lunette. — Sur les murs d'Arles, on voit encore grand nombre de pierres sculptées, provenant d'un théâtre.

[2] Le canal était large de cent pas, long de deux mille, et profond de trente.

d'opposition. Les catholiques même y ont eu leur protestantisme sous la forme janséniste. Aujourd'hui encore, à
Alet, on gratte le tombeau de Pavillon, pour en boire la
cendre qui guérit la fièvre. Les Pyrénées ont toujours
fourni des hérétiques, depuis Vigilance et Félix d'Urgel.
Le plus obstiné des sceptiques, celui qui a cru le plus au
doute, Bayle, est de Carlat. De Limoux, les Chénier[1], les
frères rivaux, non pourtant comme on l'a dit, jusqu'au
fratricide ; de Carcassonne, Fabre d'Églantine. Au moins
l'on ne refusera pas à cette population la vivacité et
l'énergie. Énergie meurtrière, violence tragique. Le Languedoc, placé au coude du Midi, dont il semble l'articu-
lation et le nœud, a été souvent froissé dans la lutte des
races et des religions. Je parlerai ailleurs de l'effroyable
catastrophe du XIIIᵉ siècle. Aujourd'hui encore, entre
Nîmes et la montagne de Nîmes, il y a une haine tradi-
tionnelle, qui, il est vrai, tient de moins en moins à la religion : ce sont les Guelfes et les Gibelins. Ces Cévennes
sont si pauvres et si rudes; il n'est pas étonnant qu'au
point de contact avec la riche contrée de la plaine, il y ait
un choc plein de violence et de rage envieuse. L'histoire
de Nîmes n'est qu'un combat de taureaux.

Le fort et dur génie du Languedoc n'a pas été assez
distingué de la légèreté spirituelle de la Guyenne et de la
pétulance emportée de la Provence. Il y a pourtant entre
le Languedoc et la Guyenne la même différence qu'entre
les Montagnards et les Girondins, entre Fabre et Barnave,
entre le vin fumeux de Lunel et le vin de Bordeaux. La
conviction est forte, intolérante en Languedoc, souvent
atroce, et l'incrédulité aussi. La Guyenne au contraire,
le pays de Montaigne et de Montesquieu, est celui des
croyances flottantes; Fénelon, l'homme le plus religieux
qu'ils aient eu, est presque un hérétique. C'est bien pis

[1] App., 21

en avançant vers la Gascogne, pays de pauvres diables,
très-nobles et très-gueux, de drôles de corps, qui auraient
tous dit, comme leur Henri IV : *Paris vaut bien une messe;*
ou comme il écrivait à Gabrielle, au moment de l'abjura-
tion : *Je vais faire le saut périlleux!* [1]. Ces hommes veulent
à tout prix réussir, et réussissent. Les Armagnacs s'allliè-
rent aux Valois; les Albret, mêlés aux Bourbons, ont fini
par donner des rois à la France.

Le génie provençal aurait plus d'analogie, sous quelque
rapport, avec le génie gascon qu'avec le languedocien. Il
arrive souvent que les peuples d'une même zone sont al-
ternés ainsi; par exemple, l'Autriche, plus éloignée de la
Souabe que de la Bavière, en est plus rapprochée par
l'esprit. Riveraines du Rhône, coupées symétriquement
par des fleuves ou torrents qui se répondent (le Gard à la
Durance, et le Var à l'Hérault), les provinces de Languedoc
et de Provence forment à elles deux notre littoral sur la
Méditerranée. Ce littoral a des deux côtés ses étangs, ses
marais, ses vieux volcans. Mais le Languedoc est un système complet, un dos de montagnes ou collines avec les
deux pentes : c'est lui qui verse les fleuves à la Guyenne
et à l'Auvergne. La Provence est adossée aux Alpes; elle
n'a point les Alpes, ni les sources de ses grandes rivières;
elle n'est qu'un prolongement, une pente des monts vers
le Rhône et la mer; au bas de cette pente, et le pied dans
l'eau, sont ses belles villes, Marseille, Arles, Avignon. En
Provence, toute la vie est au bord. Le Languedoc, au contraire, dont la côte est moins favorable, tient ses villes en
arrière de la mer et du Rhône. Narbonne, Aigues-Mortes
et Cette ne veulent point être des ports [2]. Aussi l'histoire
du Languedoc est plus continentale que maritime; ses

---

[1] Un proverbe gascon dit : Tout bon Gascon peut se dédire trois fois.
(*Tout boun Gascoun qués pot réprenqué très cops.*)
[2] Trois essais impuissants des Romains, de saint Louis, et de
Louis XIV.

grands événements sont les luttes de la liberté religieuse. Tandis que le Languedoc recule devant la mer, la Provence y entre, elle lui jette Marseille et Toulon ; elle semble élancée aux courses maritimes, aux croisades, aux conquêtes d'Italie et d'Afrique.

La Provence a visité, a hébergé tous les peuples. Tous ont chanté les chants, dansé les danses d'Avignon, de Beaucaire ; tous se sont arrêtés aux passages du Rhône, à ces grands carrefours des routes du Midi [1]. Les saints de Provence (de vrais saints que j'honore) leur ont bâti des ponts [2], et commencé la fraternité de l'Occident. Les vives et belles filles d'Arles et d'Avignon, continuant cette œuvre, ont pris par la main le Grec, l'Espagnol, l'Italien, leur ont, bon gré mal gré, mené la farandole [3]. Et ils n'ont plus voulu se rembarquer. Ils ont fait en Provence des villes grecques, moresques, italiennes. Ils ont préféré les figues fiévreuses de Fréjus [4] à celles d'Ionie ou de Tusculum, combattu les torrents, cultivé en terrasses les pentes rapides, exigé le raisin des coteaux pierreux qui ne donnent que thym et lavande.

Cette poétique Provence n'en est pas moins un rude pays. Sans parler de ses marais pontins, et du val d'Olioul, et de la vivacité de tigre du paysan de Toulon, ce vent éternel qui enterre dans le sable les arbres du rivage, qui

[1] Ce pont d'Avignon, tant chanté, succédait au pont de bois d'Arles qui, dans son temps, avait reçu ces grandes réunions d'hommes, comme depuis Avignon et Beaucaire.

[2] Le berger saint Benezet reçut, dans une vision, l'ordre de construire le pont d'Avignon; l'évêque n'y crut qu'après que Benezet eut porté sur son dos, pour première pierre, un roc énorme. Il fonda l'ordre des *frères pontifes*, qui contribuèrent à la construction du pont du Saint-Esprit, et qui en avaient commencé un sur la Durance.

[3] L'une des quatre espèces de farandoles que distingue Fischer s'appelle la *Turque*; une autre, la *Moresque*. Ces noms, et les rapports de plusieurs de ces danses avec le *boléro*, doivent faire présumer que c sont les Sarrasins qui en ont laissé l'usage en France.

[4] *App.*, 22.

pousse les vaisseaux à la côte, n'est guère moins funeste
sur terre que sur mer. Les coups de vent, brusques et su-
bits, saisissent mortellement. Le Provençal est trop vif
pour s'emmailloter du manteau espagnol. Et ce puissant
soleil aussi, la fête ordinaire de ce pays de fêtes, il donne
rudement sur la tête, quand d'un rayon il transfigure
l'hiver en été. Il vivifie l'arbre, il le brûle. Et les gelées
brûlent aussi. Plus souvent des orages, des ruisseaux qui
deviennent des fleuves. Le laboureur ramasse son champ
au bas de la colline, ou le suit voguant à grande eau, et
s'ajoutant à la terre du voisin. Nature capricieuse, pas-
sionnée, colère et charmante.

Le Rhône est le symbole de la contrée, son fétiche,
comme le Nil est celui de l'Égypte. Le peuple n'a pu se
persuader que ce fleuve ne fût qu'un fleuve; il a bien vu
que la violence du Rhône était de la colère[1], et reconnu les
convulsions d'un monstre dans ses gouffres tourbillon-
nants. Le monstre c'est le *drac*, la *tarasque*, espèce de
tortue-dragon, dont on promène la figure à grand bruit
dans certaines fêtes[2]. Elle va jusqu'à l'église, heurtant tout
sur son passage. La fête n'est pas belle, s'il n'y a pas au
moins un bras cassé.

Ce Rhône, emporté comme un taureau qui a vu du
rouge, vient donner contre son delta de la Camargue, l'île
des taureaux et des beaux pâturages. La fête de l'île, c'est
la *Ferrade*. Un cercle de chariots est chargé de spectateurs.
On y pousse à coups de fourche les taureaux qu'on veut
marquer. Un homme adroit et vigoureux renverse le jeune
animal, et pendant qu'on le tient à terre, on offre le fer
rouge à une dame invitée; elle descend et l'applique elle-
même sur la bête écumante.

Voilà le génie de la basse Provence, violent, bruyant,

[1] *App.*, 23.
[2] Le jour de Sainte-Marthe, une jeune fille mène le monstre enchaîné
à l'église pour qu'il meure sous l'eau bénite qu'on lui jette.

barbare , mais non sans grâce. Il faut voir ces danseurs
infatigables danser la moresque, les sonnettes aux genoux,
ou exécuter à neuf , à onze, à treize, la danse des épées,
le *bacchuber*, comme disent leurs voisins de Gap ; ou bien
à Riez, jouer tous les ans la *bravade* des Sarrasins [1]. Pays
de militaires, des Agricola, des Baux, des Crillon ; pays des
marins intrépides ; c'est une rude école que ce golfe de
Lion. Citons le bailli de Suffren, et ce renégat qui mourut
capitan-pacha en 1706 ; nommons le mousse Paul (il ne
s'est jamais connu d'autre nom) ; né sur mer d'une blanchisseuse, dans une barque battue par la tempête, il de-
vint amiral et donna sur son bord une fête à Louis XIV ;
mais il ne méconnaissait pas pour cela ses vieux camara-
des , et voulut être enterré avec les pauvres , auxquels il
laissa tout son bien.

Cet esprit d'égalité ne peut surprendre dans ce pays de
républiques, au milieu des cités grecques et des municipes
romains. Dans les campagnes mêmes , le servage n'a jamais pesé comme dans le reste de la France. Ces paysans
étaient leurs propres libérateurs et les vainqueurs des
Maures ; eux seuls pouvaient cultiver la colline abrupte ,
et resserrer le lit du torrent. Il fallait contre une telle nature des mains libres, intelligentes.

Libre et hardi fut encore l'essor de la Provence dans la
littérature, dans la philosophie. La grande réclamation du
breton Pélage en faveur de la liberté humaine fut accueillie,
soutenue en Provence par Faustus, par Cassien , par cette
noble école de Lerins , la gloire du v° siècle. Quand le
breton Descartes affranchit la philosophie de l'influence
théologique, le provençal Gassendi tenta la même révolution au nom du sensualisme. Et au dernier siècle, les
athées de Saint-Malo , Maupertuis et Lamettri, se rencon-

---

[1] Dans les Pyrénées, c'est Renaud, monté sur son bon cheval Bayard,
qui délivre une jeune fille des mains des infidèles.

trèrent chez Frédéric, avec un athée provençal (d'Argens).

Ce n'est pas sans raison que la littérature du Midi au
xiie et au xiiie siècle, s'appelle la littérature provençale. On
vit alors tout ce qu'il y a de subtil et de gracieux dans le
génie de cette contrée. C'est le pays des beaux parleurs,
passionnés (au moins pour la parole), et quand ils veulent,
artisans obstinés de langage; ils ont donné Massillon,
Mascaron, Fléchier, Maury, les orateurs et les rhéteurs.
Mais la Provence entière, municipes, Parlement et noblesse, démagogie et rhétorique, le tout couronné d'une
magnifique insolence méridionale s'est rencontré dans
Mirabeau, le col du taureau, la force du Rhône.

Comment ce pays-là n'a-t-il pas vaincu et dominé la
France? Il a bien vaincu l'Italie au xiiie siècle. Comment
est-il si terne maintenant, en exceptant Marseille, c'est-
à-dire la mer? Sans parler des côtes malsaines, et des
villes qui se meurent, comme Fréjus [1], je ne vois partout
que ruines. Et il ne s'agit pas ici de ces beaux restes de
l'antiquité, de ces ponts romains, de ces aqueducs, de ces
arcs de Saint-Remi et d'Orange, et de tant d'autres monuments. Mais dans l'esprit du peuple, dans sa fidélité aux
vieux usages [2], qui lui donnent une physionomie si origi-
nale et si antique; là aussi je trouve une ruine. C'est un
peuple qui ne prend pas le temps passé au sérieux, et qui
pourtant en conserve la trace [3]. Un pays traversé par tous
les peuples aurait dû, ce semble, oublier davantage; mais
non, il s'est obstiné dans ses souvenirs. Sous plusieurs rapports, il appartient, comme l'Italie, à l'antiquité.

Franchissez les tristes embouchures du Rhône, ob-

---

[1] App., 24.

[2] Dans ses jolies danses moresques, dans les romérages de ses bourgs,
dans les usages de la bûche calendaire, des pois chiches à certaines
fêtes, dans tant d'autres coutumes. App., 25.

[3] La procession du bon roi René, à Aix, est une parade dérisoire de la
fable, de l'histoire et de la Bible. App., 26.

struées et marécageuses, comme celles du Nil et du Pô.
Remontez à la ville d'Arles. La vieille métropole du christianisme dans nos contrées méridionales, avait cent mille
âmes au temps des Romains ; elle en a vingt mille aujour-
d'hui ; elle n'est riche que de morts et de sépulcres [1]. Elle
a été longtemps le tombeau commun, la nécropole des
Gaules. C'était un bonheur souhaité de pouvoir reposer dans
ses champs Élysiens (les Aliscamps). Jusqu'au xii° siècle,
dit-on, les habitants des deux rives mettaient, avec une
pièce d'argent, leurs morts dans un tonneau enduit de
poix, qu'on abandonnait au fleuve ; ils étaient fidèlement
recueillis. Cependant cette ville a toujours décliné. Lyon
l'a bientôt remplacée dans la primatie des Gaules ; le
royaume de Bourgogne, dont elle fut la capitale, a passé
rapide et obscur ; ses grandes familles se sont éteintes.

Quand de la côte et des pâturages d'Arles, on monte
aux collines d'Avignon, puis aux montagnes qui appro-
chent des Alpes, on s'explique la ruine de la Provence. Ce
pays tout excentrique n'a de grandes villes qu'à ses frontières. Ces villes étaient en grande partie des colonies
étrangères ; la partie vraiment provençale était la moins
puissante. Les comtes de Toulouse finirent par s'emparer
du Rhône, les Catalans de la côte et des ports ; les Baux,
les Provençaux indigènes, qui avaient jadis délivré le
pays des Maures, eurent Forcalquier, Sisteron, c'est-à-dire
l'intérieur. Ainsi allaient en pièces les États du Midi, jusqu'à ce que vinrent les Français qui renversèrent Toulouse, rejetèrent les Catalans en Espagne, unirent les Provençaux, et les menèrent à la conquête de Naples. Ce fut
la fin des destinées de la Provence. Elle s'endormit avec
Naples sous un même maître. Rome prêta son pape à
Avignon ; les richesses et les scandales abondèrent. La re-

[1]   Si come ad Arli, ove'l Rodano stagna,
        Fanno i sepolcri tutto 'l loco varo.
                    DANTE, Inferno, c. ix.

ligion était bien malade dans ces contrées, surtout depuis
les Albigeois ; elle fut tuée par la présence des papes. En
même temps s'affaiblissaient et venaient à rien les vieilles
libertés des municipes du Midi. La liberté romaine et la
religion romaine, la république et le christianisme, l'antiquité et le moyen âge, s'y éteignaient en même temps.
Avignon fut le théâtre de cette décrépitude. Aussi ne
croyez pas que ce soit seulement pour Laure que Pétrarque
ait tant pleuré à la source de Vaucluse ; l'Italie aussi fut sa
Laure, et la Provence, et tout l'antique Midi qui se mourait
chaque jour [1].

La Provence, dans son imparfaite destinée, dans sa
forme incomplète, me semble un chant des troubadours,
un canzone de Pétrarque ; plus d'élan que de portée. La
végétation africaine des côtes est bientôt bornée par le
vent glacial des Alpes. Le Rhône court à la mer, et n'y
arrive pas. Les pâturages font place aux sèches collines,
parées tristement de myrte et de lavande, parfumées et
stériles.

La poésie de ce destin du Midi semble reposer dans la
mélancolie de Vaucluse, dans la tristesse ineffable et sublime de la Sainte-Baume, d'où l'on voit les Alpes et les

---

[1] Je ne sais lequel est le plus touchant des plaintes du poète sur les
destinées de l'Italie, ou de ses regrets lorsqu'il a perdu Laure. Je ne ré-
siste pas au plaisir de citer ce sonnet admirable où le pauvre vieux
poète s'avoue enfin qu'il n'a poursuivi qu'une ombre :

« Je le sens et le respire encore, c'est mon air d'autrefois. Les voilà,
les douces collines où naquit la belle lumière, qui, tant que le ciel le
permit, remplit mes yeux de joie et de désir, et maintenant les gonfle
de pleurs.

« O fragile espoir! ô folles pensées!... l'herbe est veuve, et troubles
sont les ondes. Il est vide et froid, le nid qu'elle occupait, ce nid où
j'aurais voulu vivre et mourir!

« J'espérais, sur ses douces traces, j'espérais de ses beaux yeux qui
ont consumé mon cœur, quelque repos après tant de fatigues.

« Cruelle, ingrate servitude! j'ai brûlé tant qu'a duré l'objet de mes
feux, et aujourd'hui je vais pleurant sa cendre. »

                                        Sonnet CCLXXIX.

Cévennes, le Languedoc et la Provence, au delà, la Méditerranée. Et moi aussi, j'y pleurerais comme Pétrarque au moment de quitter ces belles contrées.

Mais il faut que je fraye ma route vers le nord, aux sapins du Jura, aux chênes des Vosges et des Ardennes, vers les plaines décolorées du Berry et de la Champagne. Les provinces que nous venons de parcourir, isolées par leur originalité même, ne me pourraient servir à composer l'unité de la France. Il y faut des éléments plus liants, plus dociles ; il faut des hommes plus disciplinables, plus capables de former un noyau compacte, pour fermer la France du Nord aux grandes invasions de terre et de mer, aux Allemands et aux Anglais. Ce n'est pas trop pour cela des populations serrées du centre, des bataillons normands, picards, des massives et profondes légions de la Lorraine et de l'Alsace.

Les Provençaux appellent les Dauphinois les *Franciaux*. Le Dauphiné appartient déjà à la vraie France, la France du Nord. Malgré la latitude, cette province est septentrionale. Là commence cette zone de pays rudes et d'hommes énergiques qui couvrent la France à l'est. D'abord le Dauphiné, comme une forteresse sous le vent des Alpes ; puis le marais de la Bresse ; puis dos à dos la Franche-Comté et la Lorraine, attachées ensemble par les Vosges, qui versent à celle-ci la Moselle, à l'autre la Saône et le Doubs. Un vigoureux génie de résistance et d'opposition signale ces provinces. Cela peut être incommode au dedans, mais c'est notre salut contre l'étranger. Elles donnent aussi à la science des esprits sévères et analytiques : Mably et Condillac son frère, sont de Grenoble ; d'Alembert est Dauphinois par sa mère ; de Bourg-en-Bresse, l'astronome Lalande, et Bichat, le grand anatomiste [1].

---

[1] Même esprit critique en Franche-Comté ; ainsi Guillaume de Saint-Amour, l'adversaire du mysticisme des ordres mendiants, le grammai-

Leur vie morale et leur poésie, à ces hommes de la frontière, du reste raisonneurs et intéressés [1], c'est la guerre. Qu'on parle de passer les Alpes ou le Rhin, vous verrez que les Bayards ne manqueront pas au Dauphiné, ni les Ney, les Fabert, à la Lorraine. Il y a là, sur la frontière, des villes héroïques où c'est de père en fils un invariable usage de se faire tuer pour le pays [2]. Et les femmes s'en mêlent souvent comme les hommes [3]. Elles ont dans toute cette zone, du Dauphiné aux Ardennes, un courage, une grâce d'amazones, que vous chercheriez en vain partout ailleurs. Froides, sérieuses et soignées dans leur mise, respectables aux étrangers et à leurs familles, elles vivent au milieu des soldats, et leur imposent. Elles-mêmes, veuves, filles de soldats, elles savent ce que c'est que la guerre, ce que c'est que de souffrir et mourir; mais elles n'y envoient pas moins les leurs, fortes et résignées; au besoin elles iraient elles-mêmes. Ce n'est pas seulement la Lorraine qui sauva la France par la main d'une femme : en Dauphiné, Margot de Lay défendit Montélimart, et Philis La Tour-du-Pin. La Charce ferma la frontière au duc de Savoie (1692). Le génie viril des Dauphinoises a souvent exercé sur les hommes une irrésistible puissance : témoin la fameuse madame Tencin, mère de d'Alembert; et cette blanchisseuse de Grenoble qui, de mari en mari, finit par épouser le roi de Pologne; on la chante encore dans le pays avec Melusine et la fée de Sassenage.

---

rien d'Olivet, etc. Si nous voulions citer quelques-uns des plus distingués de nos contemporains, nous pourrions nommer Charles Nodier, Jouffroy et Droz. Cuvier était de Montbelliard; mais le caractère de son génie fut modifié par une éducation allemande.

[1] App., 27.

[2] La petite ville de Sarrelouis, qui compte à peine cinq mille habitants, a fourni en vingt années cinq ou six cents officiers et militaires décorés, presque tous morts au champ de bataille.

[3] On conserve, au Musée d'artillerie, la riche et galante armure des princesses de la maison de Bouillon.

Il y a dans les mœurs communes du Dauphiné une vive
et franche simplicité à la montagnarde, qui charme tout
d'abord. En montant vers les Alpes surtout, vous trouverez l'honnêteté savoyarde[1], la même bonté, avec moins
de douceur. Là, il faut bien que les hommes s'aiment les
uns les autres; la nature, ce semble, ne les aime guère[2].
Sur ces pentes exposées au nord, au fond de ces sombres
entonnoirs où siffle le vent maudit des Alpes, la vie n'est
adoucie que par le bon cœur et le bon sens du peuple.
Des greniers d'abondance fournis par les communes sup-
pléent aux mauvaises récoltes. On bâtit gratis pour les
veuves, et pour elles d'abord[3]. De là partent des émigra-
tions annuelles. Mais ce ne sont pas seulement des maçons,
des porteurs d'eau, des rouliers, des ramoneurs, comme
dans le Limousin, l'Auvergne, le Jura, la Savoie; ce sont
surtout des instituteurs ambulants[4] qui descendent tous
les hivers des montagnes de Gap et d'Embrun. Ces maîtres
d'école s'en vont par Grenoble dans le Lyonnais, et de
l'autre côté du Rhône. Les familles les reçoivent volontiers; ils enseignent les enfants et aident au ménage. Dans
les plaines du Dauphiné, le paysan, moins bon et moins

[1] Cette simplicité, ces mœurs presque patriarcales, tiennent en grande
partie à la conservation de traditions antiques. Le vieillard est l'objet
du respect et le centre de la famille, et deux ou trois générations ex-
ploitent souvent ensemble la même ferme. — Les domestiques mangent
à la table des maîtres. — Au 1er novembre (c'est le *misdu* de Bretagne),
on sert pour les morts un repas d'œufs et de farines bouillies; chaque
mort a son couvert. Dans un village, on célèbre encore la fête du soleil,
selon M. Champollion. — On retrouve en Dauphiné, comme en Bretagne,
les *brayes* celtiques.

[2] Malgré la pauvreté du pays, leur bon sens les préserve de toute
entreprise hasardeuse. Dans certaines vallées on croit qu'il existe de
riches mines; mais une vierge vêtue de blanc en garde l'entrée avec une
faux.

[3] Quand une veuve ou un orphelin fait quelque perte de bétail, etc.
on se cotise pour la réparer.

[4] Sur quatre mille quatre cents émigrants, sept cents instituteurs.
(Peuchet.)

modeste, est souvent bel esprit : il fait des vers et des vers
satiriques.

Jamais dans le Dauphiné la féodalité ne pesa comme
dans le reste de la France. Les seigneurs, en guerre éternelle avec la Savoie[1], eurent intérêt de ménager leurs
hommes; les *vavasseurs* y furent moins des arrière-vas-
saux que des petits nobles à peu près indépendants[2]. La
propriété s'y est trouvée de bonne heure divisée à l'infini.
Aussi la Révolution française n'a point été sanglante à
Grenoble; elle y était faite d'avance[3]. La propriété est
divisée au point que telle maison a dix propriétaires,
chacun d'eux possédant et habitant une chambre[4]. Bonaparte connaissait bien Grenoble, quand il la choisit pour
sa première station en revenant de l'île d'Elbe[5]; il voulait
alors relever l'empire par la république.

A Grenoble, comme à Lyon, comme à Besançon, comme
à Metz et dans tout le Nord, l'industrialisme républicain
est moins sorti, quoi qu'on ait dit, de la municipalité
romaine que de la protection ecclésiastique; ou plutôt
l'une et l'autre se sont accordées, confondues, l'évêque
s'étant trouvé, au moins jusqu'au IX° siècle, de nom ou de

Ces guerres jetèrent un grand éclat sur la noblesse dauphinoise. On
l'appelait l'*écarlate des gentilshommes*. C'est le pays de Bayard, et de ce
Lesdiguières qui fut roi du Dauphiné, sous Henri IV. Le premier y
laissa un long souvenir; on disait *prouesse de Terrail*, comme *loyauté
de Salvaing, noblesse de Sassenage*. — Près de la vallée du Graisivaudan
est le territoire de Royans, *la vallée Chevalereuse*.

[2] Le noble faisait hommage debout; le bourgeois à genoux et baisant
le dos de la main du seigneur; l'homme du peuple, aussi à genoux,
mais baisant seulement le pouce de la main du seigneur. — De
même à Metz, le maître échevin parlait au roi debout, et non à genoux.

[3] Dans la Terreur, les ouvriers y maintinrent l'ordre avec un courage
et une humanité admirables, à peu près comme à Florence le cardeur
de laine, Michel Lando, dans l'insurrection des Ciompi.

[4] Perrin Dulac. (Grenoble.)

[5] Il descendit dans une auberge tenue par un vieux soldat, qui lui
avait donné une orange dans la campagne d'Égypte.

fait, le véritable *defensor civitatis*. L'évêque Izarn chassa
les Sarrasins du Dauphiné en 965; et jusqu'en 1044, où
l'on place l'avénement des comtes d'Albon, comme dau-
phins, Grenoble, disent les chroniques, « avait toujours
été un franc-aleu de l'évêque. » C'est aussi par des conquêtes sur les évêques que commencèrent les comtes poitevins de Die et de Valence. Ces barons s'appuyèrent
tantôt sur les Allemands, tantôt sur les mécréants du Languedoc [1].

Besançon [2], comme Grenoble, est encore une république
ecclésiastique, sous son archevêque, prince d'empire, et
son noble chapitre [3]. Mais l'éternelle guerre de la Franche-
Comté contre l'Allemagne, y a rendu la féodalité plus
pesante. La longue muraille du Jura avec ses deux portes
de Joux et de la Pierre-Pertuis, puis les replis du Doubs,
c'étaient de fortes barrières [4]. Cependant Frédéric Barbe-
rousse n'y établit pas moins ses enfants pour un siècle. Ce
fut sous les serfs de l'Église, à Saint-Claude, comme dans
la pauvre Nantua de l'autre côté de la montagne, que
commença l'industrie de ces contrées. Attachés à la glèbe,

[1] D'abord les Vaudois, plus tard les protestants. Dans le seul département de la Drôme, il y a environ trente-quatre mille calvinistes (Peuchet). On se rappelle la lutte atroce du baron des Adrets et de Mont-
brun. — Le plus célèbre des protestants dauphinois fut Isaac Casaubon,
fils du ministre de Bourdeaux sur le Roubion, né en 1559; il est enterré
à Westminster.

[2] L'ancienne devise de Besançon était: *Plût à Dieu !* — A Salins, on
lisait sur la porte d'un des forts, où étaient les salines, la devise de Philippe le Bon : *Autre n'auray*. Plusieurs monuments de Dijon portaient
celle de Philippe le Hardi : *Moult me tarde*. — A Besançon naquit l'illustre diplomate Granvelle, chancelier de Charles-Quint, mort en 1564.

[3] De même à l'abbaye de Saint-Claude, transformée en évêché en
1741, les religieux devaient faire preuve de noblesse jusqu'à leur
trisaïeul, paternel et maternel. Les chanoines devaient prouver seize
quartiers, huit de chaque côté.

[4] La Franche-Comté est le pays le mieux boisé de la France. On
compte trente forêts, sur la Saône, le Doubs et le Lougnon. — Beaucoup
de fabriques de boulets, d'armes, etc. Beaucoup de chevaux et de bœufs,
peu de moutons; mauvaises laines.

ils taillèrent d'abord des chapelets pour l'Espagne et pour l'Italie ; aujourd'hui qu'ils sont libres, ils couvrent les routes de la France de rouliers et de colporteurs.

Sous son évêque même, Metz était libre, comme Liége, comme Lyon ; elle avait son échevin, ses Treize, ainsi que Strasbourg. Entre la grande Meuse et la petite (la Moselle, *Mosula*), les trois villes ecclésiastiques, Metz, Toul et Verdun[1], placées en triangle, formaient un terrain neutre, une île, un asile aux serfs fugitifs. Les juifs même, proscrits partout, étaient reçus dans Metz. C'était le *border* français entre nous et l'Empire. Là, il n'y avait point de barrière naturelle contre l'Allemagne, comme en Dauphiné et en Franche-Comté. Les beaux ballons des Vosges, la chaîne même de l'Alsace, ces montagnes à formes douces et paisibles, favorisaient d'autant mieux la guerre. Cette terre ostrasienne, partout marquée des monuments carlovingiens[2], avec ses douze grandes maisons, ses cent vingt pairs, avec son abbaye souveraine de Remiremont, où Charlemagne et son fils faisaient leurs grandes chasses d'automne, où l'on portait l'épée devant l'abbesse[3], la Lorraine offrait une miniature de l'empire germanique. L'Allemagne y était partout pêle-mêle avec la France, partout se trouvait la frontière. Là aussi se forma, et dans les vallées de la Meuse et de la Moselle, et dans les forêts des Vosges, une population vague et flottante, qui ne savait pas trop son origine, vivant sur le commun, sur le noble et le prêtre, qui les prenaient tour à tour à leur service.

[1] *App.,* 28.
[2] On voyait à Metz le tombeau de Louis le Débonnaire et l'original des Annales de Metz, mss. de 894. — Les abeilles, dont il est si souvent question dans les capitulaires, donnaient à Metz son hydromel si vanté.
[3] Pour être *dame de Remiremont*, il fallait prouver deux cents ans de noblesse des deux côtés. — Pour être chanoinesse, ou *demoiselle* à Épinal, il fallait prouver quatre générations de pères et mères nobles *App.*, 29.

Metz était leur ville, à tous ceux qui n'en avaient pas, ville mixte s'il èn fut jamais. On a essayé en vain de rédiger en une coutume les coutumes contradictoires de cette Babel.

La langue française s'arrête en Lorraine, et je n'irai pas au delà. Je m'abstiens de franchir la montagne, de regarder l'Alsace. Le monde germanique est dangereux pour moi. Il y a là un tout-puissant lotos qui fait oublier la patrie. Si je vous découvrais, divine flèche de Strasbourg, si j'apercevais mon héroïque Rhin, je pourrais bien m'en aller au courant du fleuve, bercé par leurs légendes [1], vers la rouge cathédrale de Mayence, vers celle de Cologne, et jusqu'à l'Océan ; ou peut-être resterais-je enchanté aux limites solennelles des deux empires, aux ruines de quelque camp romain, de quelque fameuse église de pèlerinage, au monastère de cette noble religieuse qui passa trois cents ans à écouter l'oiseau de la forêt [2].

Non, je m'arrête sur la limite des deux langues, en Lorraine, au combat des deux races, au *Chêne des Partisans,* qu'on montre encore dans les Vosges. La lutte de la France et de l'Empire, de la ruse héroïque et de la force brutale, s'est personnifiée de bonne heure dans celle de l'Allemand Zwentebold et du Français Rainier (Renier, Renard ?), d'où viennent les comtes de Hainaut. La guerre du Loup et du Renard est la grande légende du nord de la France, le sujet des fabliaux et des poëmes populaires : un épicier de Troyes a donné au XVe siècle le dernier de ces poëmes. Pendant deux cent cinquante ans la Lorraine eut des ducs alsaciens d'origine, créatures des empereurs, et qui, au dernier siècle, ont fini par être empereurs. Ces ducs furent presque toujours en guerre avec

[1] *App.,* 30.

[2] A côté de cette belle légende, où l'extase produite par l'harmonie prolonge la vie pendant des siècles, plaçons l'histoire de cette femme qui, sous Louis le Débonnaire, entendit l'orgue pour la première fois, et mourut de ravissement. Ainsi, dans les légendes allemandes, la musique donne la vie et la mort.

l'évêque et la république de Metz [1], avec la Champagne, avec la France ; mais l'un d'eux ayant épousé, en 1255, une fille du comte de Champagne, devenus Français par leur mère, ils secondèrent vivement la France contre les Anglais, contre le parti anglais de Flandre et de Bretagne. Ils se firent tous tuer ou prendre en combattant pour la France, à Courtray, à Cassel, à Crécy, à Auray. Une fille des frontières de Lorraine et Champagne, une pauvre paysanne, Jeanne Darc, fit davantage : elle releva la moralité nationale ; en elle apparut, pour la première fois, la grande image du peuple, sous une forme virginale et pure. Par elle, la Lorraine se trouvait attachée à la France. Le duc même, qui avait un instant méconnu le roi et lié les pennons royaux à la queue de son cheval, maria pourtant sa fille à un prince du sang, au comte de Bar, René d'Anjou. Une branche cadette de cette famille a donné dans les Guise des chefs au parti catholique contre les calvinistes alliés de l'Angleterre et de la Hollande.

En descendant de Lorraine aux Pays-Bas par les Ardennes, la Meuse, d'agricole et industrielle, devient de plus en plus militaire. Verdun et Stenay, Sedan, Mézières et Givet, Maëstricht, une foule de places fortes, maîtrisent son cours. Elle leur prête ses eaux, elle les couvre ou leur sert de ceinture. Tout ce pays est boisé, comme pour masquer la défense et l'attaque aux approches de la Belgique. La grande forêt d'Ardenne, la *profonde* (ar duinn), s'étend de tous côtés, plus vaste qu'imposante. Vous rencontrez des villes, des bourgs, des pâturages ; vous vous croyez sorti des bois, mais ce ne sont là que des clairières. Les bois recommencent toujours ; toujours les petits chênes, humble et monotone océan végétal, dont vous apercevez de temps à autre, du sommet de quelque colline, les uni-

---

[1] A Metz naquirent le maréchal Fabert, Custine, et cet audacieux et infortuné Pilâtre des Rosiers, qui le premier osa s'embarquer dans un ballon. L'édit de Nantes en chassa les Ancillon.

formes ondulations. La forêt était bien plus continue
autrefois. Les chasseurs pouvaient courir, toujours à
l'ombre, de l'Allemagne, du Luxembourg en Picardie, de
Saint-Hubert à Notre-Dame-de-Liesse. Bien des histoires
se sont passées sous ces ombrages ; ces chênes tout char-
gés de gui, ils en savent long, s'ils voulaient raconter.
Depuis les mystères des druides jusqu'aux guerres du
Sanglier des Ardennes, au xv° siècle ; depuis le cerf mira-
culeux dont l'apparition convertit saint Hubert, jusqu'à
la blonde Iseult et son amant. Ils dormaient sur la mousse,
quand l'époux d'Iseult les surprit ; mais il les vit si beaux,
si sages, avec la large épée qui les séparait, il se retira dis-
crètement.

Il faut voir, au delà de Givet, le Trou du Han, où naguère
on n'osait encore pénétrer ; il faut voir les solitudes de
Layfour et les noirs rochers de la Dame de Meuse, la table
de l'enchanteur Maugis, l'ineffaçable empreinte que laissa
dans le roc le pied du cheval de Renaud. Les quatre fils
Aymon sont à Château-Renaud comme à Uzès, aux Ardennes comme en Languedoc. Je vois encore la fileuse qui,
pendant son travail, tient sur les genoux le précieux vo-
lume de la Bibliothèque bleue, le livre héréditaire, usé,
noirci dans la veillée [1].

Ce sombre pays des Ardennes ne se rattache pas naturel-
lement à la Champagne. Il appartient à l'évêché de Metz,
au bassin de la Meuse, au vieux royaume d'Ostrasie.
Quand vous avez passé les blanches et blafardes campagnes qui s'étendent de Reims à Rethel, la Champagne est
finie. Les bois commencent ; avec les bois les pâturages,
et les petits moutons des Ardennes. La craie a disparu ; le
rouge mat de la tuile fait place au sombre éclat de l'ar-

[1] Là se lit comment le bon Renaud joua maint tour à Charlemagne,
comment il eut pourtant bonne fin, s'étant fait humblement de chevalier
maçon, et portant sur son dos des blocs énormes pour bâtir la sainte
église de Cologne.

doise ; les maisons s'enduisent de limaille de fer. Manufactures d'armes, tanneries, ardoisières, tout cela n'égaye
pas le pays. Mais la race est distinguée : quelque chose
d'intelligent, de sobre, d'économe ; la figure un peu sèche,
et taillée à vives arrêtes. Ce caractère de sécheresse et de
sévérité n'est point particulier à la petite Genève de Sedan ;
il est presque partout le même. Le pays n'est pas riche, et
l'ennemi à deux pas ; cela donne à penser. L'habitant est
sérieux. L'esprit critique domine. C'est l'ordinaire chez les
gens qui sentent qu'ils valent mieux que leur fortune.

Derrière cette rude et héroïque zone de Dauphiné,
Franche-Comté, Lorraine, Ardennes, s'en développe une
autre tout autrement douce, et plus féconde des fruits de
la pensée. Je parle des provinces du Lyonnais, de la Bourgogne et de la Champagne. Zone vineuse, de poésie in-
spirée, d'éloquence, d'élégante et ingénieuse littérature.
Ceux-ci n'avaient pas, comme les autres, à recevoir et
renvoyer sans cesse le choc de l'invasion étrangère. Ils
ont pu, mieux abrités, cultiver à loisir la fleur délicate de
la civilisation.

D'abord, tout près du Dauphiné, la grande et aimable
ville de Lyon, avec son génie éminemment sociable, unis-
sant les peuples comme les fleuves[1]. Cette pointe du Rhône
et de la Saône semble avoir été toujours un lieu sacré. Les
Segusii de Lyon dépendaient du peuple druidique des
Édues. Là, soixante tribus de la Gaule dressèrent l'autel
d'Auguste, et Caligula y établit ces combats d'éloquence
où le vaincu était jeté dans le Rhône, s'il n'aimait mieux
effacer son discours avec sa langue. A sa place, on jetait
des victimes dans le fleuve, selon le vieil usage celtique

[1] La Saône jusqu'au Rhône, et le Rhône jusqu'à la mer, séparaient la
France de l'Empire. Lyon, bâtie surtout sur la rive gauche de la
Saône, était une cité impériale ; mais les comtes de Lyon relevaient de
la France pour les faubourgs de Saint-Just et de Saint-Irénée.

et germanique. On montre au pont de Saint-Nizier l'*arc merveilleux* d'où l'on précipitait les taureaux.

La fameuse table de bronze, où on lit encore le discours de Claude pour l'admission des Gaulois dans le sénat, est la première de nos antiquités nationales, le signe de notre initiation dans le monde civilisé. Une autre initiation, bien plus sainte, a son monument dans les catacombes de Saint-Irénée, dans la crypte de Saint-Pothin, dans Fourvières, la montagne des pèlerins. Lyon fut le siége de l'administration romaine, puis de l'autorité ecclésiastique pour les quatre Lyonnaises (Lyon, Tours, Sens et Rouen), c'est-à-dire pour toute la Celtique. Dans les terribles bouleversements des premiers siècles du moyen âge, cette grande ville ecclésiastique ouvrit son sein à une foule de fugitifs, et se peupla de la dépopulation générale, à peu près comme Constantinople concentra peu à peu en elle tout l'empire grec, qui reculait devant les Arabes ou les Turcs. Cette population n'avait ni champs ni terres, rien que ses bras et son Rhône ; elle fut industrielle et commerçante. L'industrie y avait commencé dès les Romains. Nous avons des inscriptions tumulaires : *A la mémoire d'un vitrier africain*, habitant de Lyon. *A la mémoire d'un vétéran des légions, marchand de papier* [1]. Cette fourmilière laborieuse, enfermée entre les rochers et la rivière, entassée dans les rues sombres qui y descendent, sous la pluie et l'éternel brouillard, elle eut sa vie morale pourtant et sa poésie. Ainsi notre maître Adam, le menuisier de Nevers, ainsi les meistersaenger de Nuremberg et de Francfort, tonneliers, serruriers, forgerons, aujourd'hui encore le ferblantier de Nuremberg. Ils rêvèrent dans leurs cités obscures la nature qu'ils ne voyaient pas, et ce beau soleil qui leur était envié. Ils martelèrent dans leurs noirs ateliers des idylles sur les champs, les oiseaux et les fleurs. A Lyon, l'inspiration

[1] Millin.

poétique ne fut point la nature, mais l'amour : plus d'une jeune marchande, pensive dans le demi-jour de l'arrière-boutique, écrivit, comme Louise Labbé, comme Pernette Guillet, des vers pleins de tristesse et de passion, qui n'étaient pas pour leurs époux. L'amour de Dieu, il faut le dire, et le plus doux mysticisme, fut encore un caractère lyonnais. L'Église de Lyon fut fondée par l'*homme du désir* Ποθεινὸς, saint Pothin). Et c'est à Lyon que, dans les derniers temps, saint Martin, l'*homme du désir*, établit son école [1]. Ballanche y est né [2]. L'auteur de l'*Imitation*, Jean Gerson, voulut y mourir [3].

C'est une chose bizarre et contradictoire en apparence que le mysticisme ait aimé à naître dans ces grandes cités industrielles, comme aujourd'hui Lyon et Strasbourg. Mais c'est que nulle part le cœur de l'homme n'a plus besoin du ciel. Là où toutes les voluptés grossières sont à portée, la nausée vient bientôt. La vie sédentaire aussi de l'artisan, assis à son métier, favorise cette fermentation intérieure de l'âme. L'ouvrier en soie , dans l'humide obscurité des rues de Lyon , le tisserand d'Artois et de Flandre , dans la cave où il vivait, se créèrent un monde, au défaut du monde, un paradis moral de doux songes et de visions; en dédommagement de la nature qui leur manquait , ils se donnèrent Dieu. Aucune classe d'hommes n'alimenta de plus de victimes les bûchers du moyen âge. Les Vaudois d'Arras eurent leurs martyrs, comme ceux de Lyon. Ceux-

[1] Il était né à Amboise en 1743. — Il n'y a pas longtemps encore, on chantait l'office à Lyon, sans orgues, livres, ni instruments, comme au premier âge du christianisme.
[2] Ainsi que Ampère, Degerando, Camille Jordan, de Sénancour. Leurs familles du moins sont lyonnaises.
[3] En 1429. — Saint Remi de Lyon soutint contre Jean Scot le parti de Gotteschalk et de la grâce. — Selon Du Boulay, c'est à Lyon que fut enseigné d'abord le dogme de l'Immaculée Conception. — Sous Louis XIII, un seul homme, Denis de Marquemont, fonda à Lyon quinze couvents.

ci, disciples du marchand Valdo, Vaudois ou pauvres de Lyon, comme on les appelait, tâchaient de revenir aux premiers jours de l'Évangile. Ils donnaient l'exemple d'une touchante fraternité; et cette union des cœurs ne tenait pas uniquement à la communauté des opinions religiouses. Longtemps après les Vaudois, nous trouvons à Lyon des contrats où deux amis s'adoptent l'un l'autre, et mettent en commun leur fortune et leur vie [1].

Le génie de Lyon est plus moral, plus sentimental du moins, que celui de la Provence; cette ville appartient déjà au Nord. C'est un centre du Midi, qui n'est point méridional, et dont le Midi ne veut pas. D'autre part la France a longtemps renié Lyon, comme étrangère, ne voulant point reconnaître la primatie ecclésiastique d'une ville impériale. Malgré sa belle situation sur deux fleuves, entre tant de provinces, elle ne pouvait s'étendre. Elle avait derrière les deux Bourgognes, c'est-à-dire la féodalité française, et celle de l'Empire; devant, les Cévennes, et ses envieuses, Vienne et Grenoble.

En remontant de Lyon au Nord, vous avez à choisir entre Châlons et Autun. Les Segusii lyonnais étaient une colonie de cette dernière ville [2]. Autun, la vieille cité druidique [3], avait jeté Lyon au confluent du Rhône et de la Saône, à la pointe de ce grand triangle celtique dont la base était l'Océan, de la Seine à la Loire. Autun et Lyon, la mère et la fille, ont eu des destinées toutes diverses. La fille, assise sur une grande route des peuples, belle, aimable et facile, a toujours prospéré et grandi; la mère, chaste et sévère, est restée seule sur son torrentueux Arroux, dans l'épaisseur de ses forêts mystérieuses, entre

---

[1] Après avoir rédigé cet acte, les frères adoptifs s'envoyaient des chapeaux de fleurs et des cœurs d'or.

[2] App., 31.

[3] Autun avait dans ses armes, d'abord le serpent druidique, puis le porc, l'animal qui se nourrit du gland celtique.

ses cristaux et ses laves. C'est elle qui amena les Romains dans les Gaules , et leur premier soin fut d'élever Lyon contre elle. En vain, Autun quitta son nom sacré de Bibracte pour s'appeler Augustodunum, et enfin Flavia ; en vain elle déposa sa divinité [1], et se fit de plus en plus romaine. Elle déchut toujours ; toutes les grandes guerres des Gaules se décidèrent autour d'elle et contre elle. Elle ne garda pas même ses fameuses écoles. Ce qu'elle garda, ce fut son génie austère. Jusqu'aux temps modernes, elle a donné des hommes d'État, des légistes, le chancelier Rolin, les Montholon , les Jeannin, et tant d'autres. Cet esprit sévère s'étend loin à l'ouest et au nord De Vézelai, Théodore de Bèze, l'orateur du calvinisme , le verbe de Calvin.

La sèche et sombre contrée d'Autun et du Morvan n'a rien de l'aménité bourguignonne. Celui qui veut connaître la vraie Bourgogne, l'aimable et vineuse Bourgogne, doit remonter la Saône par Châlons, puis tourner par la Côte-d'Or au plateau de Dijon , et redescendre vers Auxerre ; bon pays , où les villes mettent des pampres dans leurs armes [2], où tout le monde s'appelle frère ou cousin, pays de bons vivants et de joyeux noëls [3]. Aucune province n'eut plus grandes abbayes, plus riches, plus fécondes en colonies lointaines : Saint-Bénigne à Dijon ; près de Mâcon , Cluny ; enfin Citeaux, à deux pas de Châlons. Telle était la splendeur de ces monastères que Cluny reçut une fois le pape, le roi de France , et je ne sais combien de princes avec leurs suites, sans que les moines se dérangeassent. Citeaux fut plus grande encore, ou du moins plus féconde. Elle est la mère de Clairvaux , la mère de saint Bernard ; son abbé, l'*abbé des abbés*, était reconnu pour chef d'ordre,

---

[1] *App.*, 32.
[2] Voyez les armes de Dijon et de Beaune. *App.*, 33.
[3] Voir le curieux recueil de la Monnoye. — Piron était de Dijon (né en 1640, mort en 1727).

en 1491, par trois mille deux cent cinquante-deux monastères. Ce sont les moines de Citeaux qui, au commence-
ment du xiiie siècle, fondèrent les ordres militaires d'Espagne, et prêchèrent la croisade des Albigeois, comme
saint Bernard avait prêché la seconde croisade de Jérusalem. La Bourgogne est le pays des orateurs, celui de la
pompeuse et solennelle éloquence. C'est de la partie élevée
de la province, de celle qui verse la Seine, de Dijon et de
Montbar, que sont parties les voix les plus retentissantes
de la France, celles de saint Bernard, de Bossuet et de
Buffon. Mais l'aimable sentimentalité de la Bourgogne est
remarquable sur d'autres points, avec plus de grâce au
nord, plus d'éclat au midi. Vers Semur, Mme de Chantal,
et sa petite fille, Mme de Sévigné ; à Mâcon, Lamartine, le
poëte de l'âme religieuse et solitaire ; à Charolles, Edgar
Quinet, celui de l'histoire et de l'humanité [1].

La France n'a pas d'élément plus liant que la Bourgogne, plus capable de réconcilier le Nord et le Midi. Ses
comtes ou ducs, sortis de deux branches des Capets, ont
donné, au xiie siècle, des souverains aux royaumes d'Espagne ; plus tard, à la Franche-Comté, à la Flandre, à tous
les Pays-Bas. Mais ils n'ont pu descendre la vallée de la
Seine, ni s'établir dans les plaines du centre, malgré le
secours des Anglais. Le pauvre *roi de Bourges* [2], d'Orléans
et de Reims, l'a emporté sur le grand-duc de Bourgogne.
Les communes de France, qui avaient d'abord soutenu
celui-ci, se rallièrent peu à peu contre l'oppresseur des
communes de Flandre.

Ce n'est pas en Bourgogne que devait s'achever le destin
de la France. Cette province féodale ne pouvait lui donner
la forme monarchique et démocratique à laquelle elle
tendait. Le génie de la France devait descendre dans les

---

[1] Notre cher et grand Quinet, né à Bourg, a été élevé à Charolles.
App., 34.
[2] Charles VII.

plaines décolorées du centre, abjurer l'orgueil et l'enflure, la forme oratoire elle-même, pour porter son dernier fruit, le plus exquis, le plus français. La Bourgogne
semble avoir encore quelque chose de ses Burgundes ; la
séve enivrante de Beaune et de Mâcon trouble comme celle
du Rhin. L'éloquence bourguignonne tient de la rhétorique. L'exubérante beauté des femmes de Vermanton et
d'Auxerre n'exprime pas mal cette littérature et l'ampleur
de ses formes. La chair et le sang dominent ici ; l'enflure
aussi, et la sentimentalité vulgaire. Citons seulement Cré-
billon, Longepierre et Sedaine. Il nous faut quelque chose
de plus sobre et de plus sévère pour former le noyau de
la France.

C'est une triste chute que de tomber de la Bourgogne
dans la Champagne, de voir, après ces riants coteaux, des
plaines basses et crayeuses. Sans parler du désert de la
Champagne-Pouilleuse, le pays est généralement plat, pâle,
d'un prosaïsme désolant. Les bêtes sont chétives ; les mi-
néraux, les plantes peu variés. De maussades rivières
traînent leur eau blanchâtre entre deux rangs de jeunes
peupliers. La maison, jeune aussi, et caduque en naissant,
tâche de défendre un peu sa frêle existence en s'encapu-
chonnant tant qu'elle peut d'ardoises, au moins de pauvres
ardoises de bois ; mais sous sa fausse ardoise, sous sa peinture délavée par la pluie, perce la craie, blanche, sale, indigente.

De telles maisons ne peuvent pas faire de belles villes.
Châlons n'est guère plus gaie que ses plaines. Troyes est
presque aussi laide qu'industrieuse. Reims est triste dans
la largeur solennelle de ses rues, qui fait paraître les maisons plus basses encore ; ville autrefois de bourgeois et de
prêtres, vraie sœur de Tours, ville sacrée et tant soit peu
dévote ; chapelets et pains d'épice, bons petits draps, petit
vin admirable, des foires et des pèlerinages.

Ces villes, essentiellement démocratiques et antiféodales,

ont été l'appui principal de la monarchie. La coutume de Troyes, qui consacrait l'égalité des partages, a de bonne heure divisé, et anéanti les forces de la noblesse. Telle seigneurie qui allait ainsi toujours se divisant put se trouver morcelée en cinquante, en cent parts, à la quatrième génération. Les nobles appauvris essayèrent de se relever en mariant leurs filles à de riches roturiers. La même coutume déclare que *le ventre anoblit* [1]. Cette précaution illusoire n'empêcha pas les enfants des mariages inégaux de se trouver fort près de la roture. La noblesse ne gagna pas à cette addition de nobles roturiers. Enfin ils jetèrent la vraie honte, et se firent commerçants.

Le malheur, c'est que ce commerce ne se relevait ni par l'objet ni par la forme. Ce n'était point le négoce lointain, aventureux, héroïque, des Catalans ou des Génois. Le commerce de Troyes, de Reims, n'était pas de luxe; on n'y voyait pas ces illustres corporations, ces Grands et Petits Arts de Florence, où des hommes d'État, tels que les Médicis, trafiquaient des nobles produits de l'Orient et du Nord, de soie, de fourrures, de pierres précieuses. L'industrie champenoise était profondément plébéienne. Aux foires de Troyes, fréquentées de toute l'Europe, on vendait du fil, de petites étoffes, des bonnets de coton, des cuirs [2] : nos tanneurs du faubourg Saint-Marceau sont originairement une colonie troyenne. Ces vils produits, si nécessaires à tous, firent la richesse du pays. Les nobles s'assirent de bonne grâce au comptoir, et firent politesse au manant. Ils ne pouvaient, dans ce tourbillon d'étrangers qui affluaient aux foires, s'informer de la généalogie des acheteurs, et disputer du cérémonial. Ainsi peu à peu commença l'égalité. Et le grand comte de Champagne aussi, tantôt roi de Jérusalem, et tantôt de Navarre, il se trouvait

[1] *App.*, 35.
[2] Urbain IV était fils d'un cordonnier de Troyes. Il y bâtit Saint-Urbain, et fit représenter sur une tapisserie son père faisant des souliers.

fort bien de l'amitié de ces marchands. Ils est vrai qu'il était mal vu des seigneurs, et qu'ils le traitaient comme un marchand lui-même, témoin l'insulte brutale du fromage mou, que Robert d'Artois lui fit jeter au visage.

Cette dégradation précoce de la féodalité, ces grotesques transformations de chevaliers en boutiquiers, tout cela ne dut pas peu contribuer à égayer l'esprit champenois, et lui donner ce tour ironique de niaiserie maligne qu'on appelle, je ne sais pourquoi, naïveté [1] dans nos fabliaux. C'était le pays des bons contes, des facétieux récits sur le noble chevalier, sur l'honnête et débonnaire mari, sur M. le curé et sa servante. Le génie narratif qui domine en Champagne, en Flandre, s'étendit en longs poëmes, en belles histoires. La liste de nos poëtes romanciers s'ouvre par Chrétien de Troyes et Guyot de Provins. Les grands seigneurs du pays écrivent eux-mêmes leurs gestes : Villehardouin, Joinville, et le cardinal de Retz nous ont conté eux-mêmes les croisades et la Fronde. L'histoire et la satire sont la vocation de la Champagne. Pendant que le comte Thibaut faisait peindre ses poésies sur les murailles de son palais de Provins, au milieu des roses orientales ; les épiciers de Troyes griffonnaient sur leurs comptoirs les histoires allégoriques et satiriques de Renard et Isengrin. Le plus piquant pamphlet de la langue est dû en grande partie à des procureurs de Troyes [2] ; c'est la *Satyre Ménippée.*

[1] L'ancien type du paysan du nord de la France est l'honnête Jacques, qui pourtant finit par faire la Jacquerie. Le même, considéré comme simple et débonnaire, s'appelle Jeannot ; quand il tombe dans un désespoir enfantin, et qu'il devient *rageur*, il prend le nom de Jocrisse. Enrôlé par la Révolution, il s'est singulièrement déniaisé, quoique sous la Restauration on lui ait rendu le nom de Jean-Jean. — Ces mots divers ne désignent pas des ridicules locaux, comme ceux d'Arlequin, Pantalon, Polichinelle en Italie. — Les noms le plus communément portés par les domestiques, dans la vieille France aristocratique, étaient des noms de province : Lorrain, Picard, et surtout la Brie et Champagne. Le Champenois est en effet le plus disciplinable des provinciaux, quoique sous sa simplicité apparente il y ait beaucoup de malice et d'ironie. — [2] Passerat et Pithou. *App.,* 36.

Ici, dans cette naïve et maligne Champagne, se termine la longue ligne que nous avons suivie, du Languedoc et de la Provence par Lyon et la Bourgogne. Dans cette zone vineuse et littéraire, l'esprit de l'homme a toujours gagné en netteté, en sobriété. Nous y avons distingué trois degrés : la fougue et l'ivresse spirituelle du Midi ; l'éloquence et la rhétorique bourguignonne [1] ; la grâce et l'ironie champenoise. C'est le dernier fruit de la France et le plus délicat. Sur ces plaines blanches, sur ces maigres coteaux, mûrit le vin léger du Nord, plein de caprice [2] et de saillies. A peine doit-il quelque chose à la terre ; c'est le fils du travail, de la société [3]. Là crût aussi cette *chose légère* [4], profonde pourtant, ironique à la fois et rêveuse, qui retrouva et ferma pour toujours la veine des fabliaux.

Par les plaines plates de la Champagne s'en vont nonchalamment le fleuve des Pays-Bas, le fleuve de la France, la Meuse, et la Seine avec la Marne son acolyte. Ils vont, mais grossissant, pour arriver avec plus de dignité à la mer. Et la terre elle-même surgit peu à peu en collines dans l'Ile-de-France, dans la Normandie, dans la Picardie. La

---

[1] Sur la montagne de Langres, naquit Diderot. C'est la transition entre la Bourgogne et la Champagne. Il réunit les deux caractères.

[2] Cela doit s'entendre, non-seulement du vin, mais de la vigne. Les terres qui donnent le vin de Champagne semblent capricieuses. Les gens du pays assurent que dans une pièce de trois arpents parfaitement semblables, il n'y a souvent que celui du milieu qui donne de bon vin.

[3] Une terre qui, semée de froment, occupera cinq ou six ménages, occupe quelquefois six ou sept cents personnes, hommes, femmes et enfants, lorsqu'elle est plantée de vignes. On sait combien le vin de Champagne exige de façons.

[4] La Fontaine dit de lui-même :

> Je suis chose légère, et vole à tout sujet,
> Je vais de fleur en fleur, et d'objet en objet.
> A beaucoup de plaisir je mêle un peu de gloire.
> J'irais plus haut peut-être au temple de mémoire,
> Si dans un genre seul j'avais usé mes jours ;
> Mais quoi! je suis volage, en vers comme en amours.

Le poëte, dit Platon, est chose légère et sacrée.

France devient plus majestueuse. Elle ne veut pas arriver
la tête basse en face de l'Angleterre ; elle se pare de forêts
et de villes superbes, elle enfle ses rivières, elle projette en
longues ondes de magnifiques plaines, et présente à sa
rivale cette autre Angleterre de Flandre et de Normandie [1].

Il y a là une émulation immense. Les deux rivages se
haïssent et se ressemblent. Des deux côtés, dureté, avidité,
esprit sérieux et laborieux. La vieille Normandie regarde
obliquement sa fille triomphante, qui lui sourit avec insolence du haut de son bord. Elles existent pourtant encore
les tables où se lisent les noms des Normands qui conqui-
rent l'Angleterre. La conquête n'est-elle pas le point d'où
celle-ci a pris l'essor ? Tout ce qu'elle a d'art, à qui le doit-
elle ? Existaient-ils avant la conquête, ces monuments dont
elle est si fière ? Les merveilleuses cathédrales anglaises
que sont-elles, sinon une imitation, une exagération de
l'architecture normande ? Les hommes eux-mêmes et la
race, combien se sont-ils modifiés par le mélange français ? L'esprit guerrier et chicaneur, étranger aux Anglo-
Saxons, qui a fait de l'Angleterre, après la conquête, une
nation d'hommes d'armes et de scribes, c'est là le pur
esprit normand. Cette sève acerbe est la même des deux
côtés du détroit. Caen, la *ville de sapience*, conserve le
grand monument de la fiscalité anglo-normande, l'échi-
quier de Guillaume le Conquérant. La Normandie n'a rien
à envier, les bonnes traditions s'y sont perpétuées. Le père
de famille, au retour des champs, aime à expliquer à ses
petits, attentifs, quelques articles du Code civil [2].

[1] Du côté de Coutances particulièrement, les figures et le paysage sont
singulièrement anglais.
[2] Voyez-vous ce petit champ ? me disait M. D., ex-président d'un des
tribunaux de la basse Normandie ; si demain il passait à quatre frères,
il serait à l'instant coupé par quatre haies. Tant il est nécessaire, ici,
que les propriétés soient nettement séparées. » — Les Normands sont
si adonnés aux études de l'éloquence, dit un auteur du XIe siècle, qu'on
entend jusqu'aux petits enfants parler comme des orateurs...

Le Lorrain et le Dauphinois ne peuvent rivaliser avec le Normand pour l'esprit processif. L'esprit breton, plus dur, plus négatif, est moins avide et moins absorbant. La Bretagne est la résistance, la Normandie la conquête ; aujourd'hui conquête sur la nature, agriculture, industrialisme. Ce génie ambitieux et conquérant se produit d'ordinaire par la ténacité, souvent par l'audace et l'élan ; et l'élan va parfois au sublime : témoin tant d'héroïques marins [1], témoin le grand Corneille. Deux fois la littérature française a repris l'essor par la Normandie, quand la philosophie se réveillait par la Bretagne. Le vieux poëme de Rou paraît au XII° siècle avec Abailard ; au XVII° siècle, Corneille avec Descartes. Pourtant, je ne sais pourquoi la grande et féconde idéalité est refusée au génie normand. Il se dresse haut, mais tombe vite. Il tombe dans l'indigente correction de Malherbe, dans la sécheresse de Mézerai, dans les ingénieuses recherches de la Bruyère et de Fontenelle. Les héros mêmes du grand Corneille, toutes les fois qu'ils ne sont pas sublimes, deviennent volontiers d'insipides plaideurs, livrés aux subtilités d'une dialectique vaine et stérile.

Ni subtil, ni stérile, à coup sûr, n'est le génie de notre bonne et forte Flandre, mais bien positif et réel, bien solidement fondé ; *solidis fundatum ossibus intus*. Sur ces grasses et plantureuses campagnes, uniformément riches d'engrais, de canaux, d'exubérante et grossière végétation, herbes, hommes et animaux, poussent à l'envi, grossissent à plaisir. Le bœuf et le cheval y gonflent, à jouer l'éléphant. La femme vaut un homme et souvent mieux. Race pourtant un peu molle dans sa grosseur, plus forte que robuste, mais d'une force musculaire immense. Nos

---

[1] Il paraît que les Dieppois avaient découvert avant les Portugais la route des Indes ; mais ils en gardèrent si bien le secret, qu'ils en ont perdu la gloire.

hercules de foire sont venus souvent du département du Nord.

La force prolifique des Bolg d'Irlande se trouve chez nos Belges de Flandre et des Pays-Bas. Dans l'épais limon de ces riches plaines, dans ces vastes et sombres communes industrielles, d'Ypres, de Gand, de Bruges, les hommes grouillaient comme les insectes après l'orage. Il ne fallait pas mettre le pied sur ces fourmilières. Ils en sortaient à l'instant, piques baissées, par quinze, vingt, trente mille hommes, tous forts et bien nourris, bien vêtus, bien armés. Contre de telles masses la cavalerie féodale n'avait pas beau jeu.

Avaient-ils si grand tort d'être fiers, ces braves Flamands? Tout gros et grossiers qu'ils étaient [1], ils faisaient merveilleusement leurs affaires. Personne n'entendait comme eux le commerce, l'industrie, l'agriculture. Nulle part le bon sens, le sens du positif, du réel, ne fut plus remarquable. Nul peuple peut-être au moyen âge ne comprit mieux la vie courante du monde, ne sut mieux agir et conter. La Champagne et la Flandre sont alors les seuls pays qui puissent lutter pour l'histoire avec l'Italie. La Flandre a son Villani dans Froissart, et dans Commines son Machiavel. Ajoutez-y ses empereurs-historiens de Constantinople. Ses auteurs de fabliaux sont encore des historiens, au moins en ce qui concerne les mœurs publiques.

Mœurs peu édifiantes, sensuelles et grossières. Et plus on avance au nord dans cette grasse Flandre, sous cette douce et humide atmosphère, plus la contrée s'amollit, plus la sensualité domine, plus la nature devient puissante [2]. L'histoire, le récit ne suffisent plus à satisfaire le

---

· Cette grossièreté de la Belgique est sensible dans une foule de choses. On peut voir à Bruxelles la petite statue du *Mannekenpiss,* · le plus vieux bourgeois de la ville; · on lui donne un habit neuf aux grandes fêtes. — [2] *App.,* 37.

besoin de la réalité, l'exigence des sens. Les arts du des-
sin viennent au secours. La sculpture commence en France
même avec le fameux disciple de Michel-Ange, Jean de
Boulogne. L'architecture aussi prend l'essor ; non plus la
sobre et sévère architecture normande, aiguisée en ogives
et se dressant au ciel, comme un vers de Corneille ; mais
une architecture riche et pleine en ses formes. L'ogive
s'assouplit en courbes molles, en arrondissements volup-
tueux. La courbe tantôt s'affaisse et s'avachit, tantôt se
boursoufle et tend au ventre. Ronde et onduleuse dans
tous ses ornements, la charmante tour d'Anvers s'élève
doucement étagée, comme une gigantesque corbeille tres-
sée des joncs de l'Escaut.

Ces églises, soignées, lavées, parées, comme une maison flamande, éblouissent de propreté et de richesse. dans
la splendeur de leurs ornements de cuivre, dans leur
abondance de marbres blancs et noirs. Elles sont plus
propres que les églises italiennes, et non pas moins co-
quettes. La Flandre est une Lombardie prosaïque, à qui
manquent la vigne et le soleil. Quelque autre chose man-
que aussi ; on s'en aperçoit en voyant ces innombrables
figures de bois que l'on rencontre de plain-pied dans les
cathédrales ; sculpture économique qui ne remplace pas
le peuple de marbre des cités d'Italie [1]. Par-dessus ces
églises, au sommet de ces tours, sonne l'uniforme et savant carillon, l'honneur et la joie de la commune flamande. Le même air joué d'heure en heure pendant des
siècles, a suffi au besoin musical de je ne sais combien de
générations d'artisans, qui naissaient et mouraient fixés
sur l'établi [2].

[1] La seule cathédrale de Milan est couronnée de cinq mille statues
et figurines.
[2] Il est juste de remarquer que cet instinct musical s'est développé
d'une manière remarquable, surtout dans la partie wallonne. Voy. t. VI,
p. 120.

Mais la musique et l'architecture sont trop abstraites encore. Ce n'est pas assez de ces sons, de ces formes ; il faut des couleurs, de vives et vraies couleurs, des représentations vivantes de la chair et des sens. Il faut dans les tableaux de bonnes et rudes fêtes, où des hommes rouges et des femmes blanches boivent, fument et dansent lourdement [1]. Il faut des supplices atroces, des martyrs indécents et horribles, des Vierges énormes, fraîches, grasses, scandaleusement belles. Au delà de l'Escaut, au milieu des tristes marais, des eaux profondes, sous les hautes digues de Hollande, commence la sombre et sérieuse peinture ; Rembrandt et Gérard Dow peignent où écrivent Érasme et Grotius [2]. Mais dans la Flandre, dans la riche et sensuelle Anvers, le rapide pinceau de Rubens fera les bacchanales de la peinture. Tous les mystères seront travestis [3] dans ses tableaux idolâtriques qui frissonnent encore de la fougue et de la brutalité du génie [4]. Cet homme

---

[1] Voy. au Musée du Louvre le tableau intitulé : *Fête Flamande*. C'est la plus effrénée et la plus sensuelle bacchanale.

[2] Selon moi, la haute expression du génie belge, c'est pour la partie flamande, Rubens, et pour la wallonne ou celtique, Grétry. La spontanéité domine en Belgique, la réflexion en Hollande. Les penseurs ont aimé ce dernier pays. Descartes est venu y faire l'apothéose du moi humain, et Spinosa, celle de la nature. Toutefois la philosophie propre à la Hollande, c'est une philosophie pratique qui s'applique aux rapports politiques des peuples : Grotius.

[3] Son élève, Van-Dyck, peint dans un de ses tableaux un âne à genoux devant une hostie.

[4] Nous avons ici la belle suite des tableaux commandés à Rubens par Marie de Médicis, mais cette peinture allégorique et officielle ne donne pas l'idée de son génie. C'est dans les tableaux d'Anvers et de Bruxelles que l'on comprend Rubens. Il faut voir à Anvers la Sainte Famille, où il a mis ses trois femmes sur l'autel, et lui, derrière, en saint Georges, un drapeau au poing et les cheveux au vent. Il fit ce grand tableau en dix-sept jours. — Sa Flagellation est horrible de brutalité ; l'un des flagellants, pour frapper plus fort, appuie le pied sur le mollet du Sauveur ; un autre regarde par dessous sa main, et rit au nez du spectateur. La copie de Van-Dyck semble bien pâle à côté du tableau original. Au Musée de Bruxelles, il y a le Portement de Croix, d'une vigueur et d'un mouvement qui va au vertige. La Madeleine

terrible, sorti du sang slave[1], nourri dans l'emportement des Belges, né à Cologne, mais ennemi de l'idéalisme allemand, a jeté dans ses tableaux une apothéose effrénée de la nature.

Cette frontière des races et des langues[2] européennes, est un grand théâtre des victoires de la vie et de la mort. Les hommes poussent vite, multiplient à étouffer; puis les batailles y pourvoient. Là se combat à jamais la grande bataille des peuples et des races. Cette bataille du monde qui eut lieu, dit-on, aux funérailles d'Attila, elle se renouvelle incessamment en Belgique entre la France, l'Angleterre et l'Allemagne, entre les Celtes et les Germains. C'est là le coin de l'Europe, le rendez-vous des guerres. Voilà pourquoi elles sont si grasses, ces plaines; le sang n'a pas le temps d'y sécher! Lutte terrible et variée! A nous les batailles de Bouvines, Roosebeck, Lens, Steinkerke, Denain, Fontenoi, Fleurus, Jemmapes; à eux celles des Éperons, de Courtray. Faut-il nommer Waterloo[3]!

Angleterre! Angleterre! vous n'avez pas combattu ce

essuie le sang du Sauveur avec le sang-froid d'une mère qui débarbouille son enfant. — On peut voir au même Musée le Martyre de saint Liévin, une scène de boucherie; pendant qu'on déchiquète la chair du martyr, et qu'un des bourreaux en donne aux chiens avec une pince, un autre tient dans les dents son stylet qui dégoutte de sang. Au milieu de ces horreurs, toujours un étalage de belles et immodestes carnations. — Le Combat des Amazones lui a donné une belle occasion de peindre une foule de corps de femmes dans des attitudes passionnées; mais son chef-d'œuvre est peut-être cette terrible colonne de corps humains qu'il a tissus ensemble dans son Jugement dernier.

[1] Sa famille était de Styrie. Ce qu'il y a de plus impétueux en Europe est aux deux bouts : à l'orient, les Slaves de Pologne, Illyrie, Styrie, etc ; à l'occident, les Celtes d'Irlande, Écosse, etc.

[2] La Flandre hollandaise est composée de places cédées par le traité de 1648 et par le traité de la Barrière (1715). Ce nom est significatif. — App., 38.

[3] La grande bataille des temps modernes s'est livrée précisément sur la limite des deux langues, à Waterloo. A quelques pas en deçà de ce nom flamand, on trouve le Mont-Saint-Jean. — Le monticule qu'on a élevé dans cette plaine semble un tumulus barbare, celtique ou germanique.

jour-là seul à seul : vous aviez le monde avec vous. Pourquoi prenez-vous pour vous toute la gloire? Que veut dire
votre pont de Waterloo? Y a-t-il tant à s'enorgueillir, si le
reste mutilé de cent batailles, si la dernière levée de la
France, légion imberbe, sortie à peine des lycées et du
baiser des mères, s'est brisée contre votre armée merce-
naire, ménagée dans tous les combats, et gardée contre
nous comme le poignard *de miséricorde* dont le soldat aux
abois assassinait son vainqueur?

Je ne tairai rien pourtant. Elle me semble bien grande,
cette odieuse Angleterre, en face de l'Europe, en face de
Dunkerque [1], et d'Anvers en ruines [2]. Tous les autres pays,
Russie, Autriche, Italie, Espagne, France, ont leurs capitales à l'ouest et regardent au couchant; le grand vaisseau
européen semble flotter, la voile enflée du vent qui jadis
souffla de l'Asie. L'Angleterre seule a la proue à l'est,
comme pour braver le monde, *unum omnia contra*. Cette
dernière terre du vieux continent est la terre héroïque,
l'asile éternel des bannis, des hommes énergiques. Tous
ceux qui ont jamais fui la servitude, druides poursuivis
par Rome, Gaulois-Romains chassés par les barbares,
Saxons proscrits par Charlemagne, Danois affamés, Normands avides, et l'industrialisme flamand persécuté, et le
calvinisme vaincu, tous ont passé la mer, et pris pour
patrie la grande île : *Arva, beata petamus arva, divites et
insulas.....* Ainsi l'Angleterre a engraissé de malheurs, et
grandi de ruines. Mais à mesure que tous ces proscrits,

---

[1] Les magistrats de Dunkerque supplièrent vainement la reine Anne ;
ils essayèrent de prouver que les Hollandais gagneraient plus que les
Anglais à la démolition de leur ville. Il n'est point de lecture plus dou-
loureuse et plus humiliante pour un Français. Cherbourg n'existait pas
encore; il ne resta plus un port militaire, d'Ostende à Brest.

[2] « J'ai là, disait Bonaparte, un pistolet chargé au cœur de l'Angleterre. » « La place d'Anvers, disait-il à Sainte-Hélène, est une des
grandes causes pour lesquelles je suis ici ; la cession d'Anvers est un des
motifs qui m'avaient déterminé à ne pas signer la paix de Châtillon. »

entassés dans cet étroit asile, se sont mis à se regarder, à mesure qu'ils ont remarqué les différences de races et de croyances qui les séparaient, qu'ils se sont vus Kymrys, Gaëls, Saxons, Danois, Normands, la haine et le combat sont venus. Ç'a été comme ces combats bizarres dont on régalait Rome, ces combats d'animaux étonnés d'être ensemble : hippopotames et lions, tigres et crocodiles. Et quand les amphibies, dans leur cirque fermé de l'Océan, se sont assez longtemps mordus et déchirés, ils se sont jetés à la mer, ils ont mordu la France. Mais la guerre intérieure, croyez-le bien, n'est pas finie encore. Là bête triomphante a beau narguer le monde sur son trône des mers. Dans son amer sourire se mêle un furieux grincement de dents, soit qu'elle n'en puisse plus à tourner l'aigre et criante roue de Manchester, soit que le taureau de l'Irlande, qu'elle tient à terre, se retourne et mugisse.

La guerre des guerres, le combat des combats, c'est celui de l'Angleterre et de la France ; le reste est épisode. Les noms français sont ceux des hommes qui tentèrent de grandes choses contre l'Anglais. La France n'a qu'un saint, la Pucelle; et le nom de Guise qui leur arracha Calais des dents, le nom des fondateurs de Brest, de Dunkerque et d'Anvers[1], voilà, quoique ces hommes aient fait du reste, des noms chers et sacrés. Pour moi, je me sens personnellement obligé envers ces glorieux champions de la France et du monde, envers ceux qu'ils armèrent, les Duguay-Trouin, les Jean-Bart, les Surcouf, ceux qui rendaient pensifs les gens de Plymouth, qui leur faisaient secouer tristement la tête à ces Anglais, qui les tiraient de leur taciturnité, qui les obligeaient d'allonger leurs monosyllabes.

La lutte contre l'Angleterre a rendu à la France un immense service. Elle a confirmé, précisé sa nationalité.

---

[1] Il faut entendre ici Richelieu, Louis XIV et Bonaparte.

A force de se serrer contre l'ennemi, les provinces se sont trouvées un peuple. C'est en voyant de près l'Anglais, qu'elles ont senti qu'elles étaient France. Il en est des nations comme de l'individu, il connaît et distingue sa personnalité par la résistance de ce qui n'est pas elle, il remarque le moi par le non-moi. La France s'est formée ainsi sous l'influence des grandes guerres anglaises, par opposition à la fois, et par composition. L'opposition est plus sensible dans les provinces de l'Ouest et du Nord, que nous venons de parcourir. La composition est l'ouvrage des provinces centrales dont il nous reste à parler.

Pour trouver le centre de la France, le noyau autour duquel tout devait s'agréger, il ne faut pas prendre le point central dans l'espace; ce serait vers Bourges, vers le Bourbonnais, berceau de la dynastie; il ne faut pas chercher la principale séparation des eaux, ce seraient les plateaux de Dijon ou de Langres, entre les sources de la Saône, de la Seine et de la Meuse; pas même le point de séparation des races, ce serait sur la Loire, entre la Bretagne, l'Auvergne et la Touraine. Non, le centre s'est trouvé marqué par des circonstances plus politiques que naturelles, plus humaines que matérielles. C'est un centre excentrique, qui dérive et appuie au Nord, principal théâtre de l'activité nationale, dans le voisinage de l'Angleterre, de la Flandre et de l'Allemagne. Protégé, et non pas isolé, par les fleuves qui l'entourent, il se caractérise selon la vérité par le nom d'Ile-de-France.

On dirait, à voir les grands fleuves de notre pays, les grandes lignes de terrains qui les encadrent, que la France coule avec eux à l'Océan. Au Nord, les pentes sont peu rapides, les fleuves sont dociles. Ils n'ont point empêché la libre action de la politique de grouper les provinces autour du centre qui les attirait. La Seine est en tout sens le premier de nos fleuves, le plus civilisable, le plus perfec-

tible. Elle n'a ni la capricieuse et perfide mollesse de la
Loire, ni la brusquerie de la Garonne, ni la terrible impétuosité du Rhône, qui tombe comme un taureau échappé
des Alpes, perce un lac de dix-huit lieues, et vole à la mer,
en mordant ses rivages. La Seine reçoit de bonne heure
l'empreinte de la civilisation. Dès Troyes, elle se laisse
couper, diviser à plaisir, allant chercher les manufactures
et leur prêtant ses eaux. Lors même que la Champagne
lui a versé la Marne, et la Picardie l'Oise, elle n'a pas besoin de fortes digues, elle se laisse serrer dans nos quais,
sans s'en irriter davantage. Entre les manufactures de
Troyes, et celles de Rouen, elle abreuve Paris. De Paris
au Havre, ce n'est plus qu'une ville. Il faut la voir entre
Pont-de-l'Arche et Rouen, la belle rivière, comme elle s'é-
gare dans ses îles innombrables, encadrées au soleil couchant dans des flots d'or, tandis que, tout du long, les
pommiers mirent leurs fruits, jaunes et rouges sous des
masses blanchâtres. Je ne puis comparer à ce spectacle
que celui du lac de Genève. Le lac a de plus, il est vrai,
les vignes de Vaud, Meillerie et les Alpes. Mais le lac ne
marche point; c'est l'immobilité, ou du moins l'agitation
sans progrès visible. La Seine marche, et porte la pensée
de la France, de Paris vers la Normandie, vers l'Océan,
l'Angleterre, la lointaine Amérique.

Paris a pour première ceinture, Rouen, Amiens, Orléans, Châlons, Reims, qu'il emporte dans son mouvement. A quoi se rattache une ceinture extérieure, Nantes,
Bordeaux, Clermont et Toulouse, Lyon, Besançon, Metz et
Strasbourg. Paris se reproduit en Lyon pour atteindre par
le Rhône l'excentrique Marseille. Le tourbillon de la vie
nationale a toute sa densité au Nord; au Midi les cercles
qu'il décrit se relâchent et s'élargissent.

Le vrai centre s'est marqué de bonne heure; nous le
trouvons désigné au siècle de saint Louis, dans les deux
ouvrages qui ont commencé notre jurisprudence : Éta-

BLISSEMENTS DE FRANCE ET D'ORLÉANS ; — COUTUMES DE FRANCE
ET DE VERMANDOIS [1]. C'est entre l'Orléanais et le Vermandois, entre le coude de la Loire et les sources de l'Oise,
entre Orléans et Saint-Quentin, que la France a trouvé
enfin son centre, son assiette, et son point de repos. Elle
l'avait cherché en vain, et dans les pays druidiques de
Chartres et d'Autun, et dans les chefs-lieux des clans gal-
liques, Bourges, Clermont (*Agendicum, urbs Arvernorum*).
Elle l'avait cherché dans les capitales de l'église Mérovingienne et Carlovingienne, Tours et Reims [2].

La France capétienne du *roi de Saint-Denys*, entre la
féodale Normandie et la démocratique Champagne, s'é-
tend de Saint-Quentin à Orléans, à Tours. Le roi est abbé
de Saint-Martin de Tours, et premier chanoine de Saint-
Quentin. Orléans se trouvant placée au lieu où se rappro-
chent les deux grands fleuves, le sort de cette ville a été
souvent celui de la France ; les noms de César, d'Attila, de
Jeanne Darc, des Guises, rappellent tout ce qu'elle a vu
de siéges et de guerres. La sérieuse Orléans [3] est près de
la Touraine, près de la molle et rieuse patrie de Rabelais,
comme la colérique Picardie à côté de l'ironique Champagne. L'histoire de l'antique France semble entassée en
Picardie. La royauté, sous Frédégonde et Charles le Chauve,
résidait à Soissons [4], à Crépy, Verbery, Attigny ; vaincue
par la féodalité, elle se réfugia sur la montagne de Laon.
Laon, Péronne, Saint-Médard de Soissons, asiles et pri-
sons tour à tour, reçurent Louis le Débonnaire, Louis

---

[1] A Orléans, la science et l'enseignement du droit romain ; en Picardie, l'originalité du droit féodal et coutumier ; deux Picards, Beauma-
noir et Desfontaines, ouvrent notre jurisprudence.

[2] *App.*, 39.

[3] La raillerie orléanaise était amère et dure. Les Orléanais avaient
reçu le sobriquet de *guépins*. On dit aussi : « La glose d'Orléans est
pire que le texte. » — La Sologne a un caractère analogue : « Niais de
Sologne, qui ne se trompe qu'à son profit. »

[4] Pépin y fut élu, en 750. Louis d'Outre-mer y mourut.

d'Outre-mer, Louis XI. La royale tour de Laon a été détruite en 1832 ; celle de Péronne dure encore. Elle dure, la monstrueuse tour féodale des Coucy [1].

> Je ne suis roi, ne duc, prince, ne comte aussi,
> Je suis le sire de Coucy.

Mais en Picardie la noblesse entra de bonne heure dans la grande pensée de la France. La maison de Guise, branche picarde des princes de Lorraine, défendit Metz contre les Allemands, prit Calais aux Anglais, et faillit prendre aussi la France au roi. La monarchie de Louis XIV fut dite et jugée par le Picard Saint-Simon [2].

Fortement féodale, fortement communale et démocratique fut cette ardente Picardie. Les premières communes de France sont les grandes villes ecclésiastiques de Noyon, de Saint-Quentin, d'Amiens, de Laon. Le même pays donna Calvin, et commença la Ligue contre Calvin. Un ermite d'Amiens [3] avait enlevé toute l'Europe, princes et peuples, à Jérusalem, par l'élan de la religion. Un légiste de Noyon [4] la changea, cette religion, dans la moitié des pays occidentaux ; il fonda sa Rome à Genève, et mit la république dans la foi. La république, elle, fut poussée par les mains picardes dans sa course effrénée, de Condorcet en Camille Desmoulins, de Desmoulins en Gracchus Babœuf [5]. Elle fut chantée par Béranger, qui dit si bien le mot de la nouvelle France : « Je suis vilain et très-vilain. » Entre ces vilains, plaçons au premier rang notre illustre

---

[1] *App.*, 40.

[2] Cette famille récente, qui prétendait remonter à Charlemagne, a bien assez d'avoir produit l'un des plus grands écrivains du XVIIe siècle, et l'un des plus hardis penseurs du nôtre.

[3] Pierre l'Ermite.

[4] Calvin, né en 1509, mort en 1564.

[5] Condorcet, né à Ribemont en 1743, mort en 1794.— Camille Desmoulins, né à Guise en 1762, mort en 1794. — Babœuf, né à Saint-Quentin, mort en 1797. — Béranger est né à Paris, mais d'une famille picarde.

général Foy, l'homme pur, la noble pensée de l'armée [1].

Le Midi et les pays vineux n'ont pas, comme l'on voit, le privilége de l'éloquence. La Picardie vaut la Bourgogne : ici il y a du vin dans le cœur. On peut dire qu'en avançant du centre à la frontière belge le sang s'anime, et que la chaleur augmente vers le Nord [2]. La plupart de nos grands artistes, Claude Lorrain, le Poussin, Lesueur [3], Goujon, Cousin, Mansart, Lenôtre, David, appartiennent aux provinces septentrionales ; et si nous passons la Belgique, si nous regardons cette petite France de Liége, isolée au milieu de la langue étrangère, nous y trouvons notre Grétry [4].

Pour le centre du centre, Paris, l'Ile-de-France, il n'est qu'une manière de les faire connaître, c'est de raconter l'histoire de la monarchie. On les caractériserait mal en citant quelques noms propres ; ils ont reçu, ils ont donné l'esprit national ; ils ne sont pas un pays, mais le résumé du pays. La féodalité même de l'Ile-de-France exprime des rapports généraux. Dire les Montfort, c'est dire Jérusalem, la croisade du Languedoc, les communes de

[1] Né à Pithon ou à Ham. — Plusieurs généraux de la Révolution sont sortis de la Picardie : Dumas, Dupont, Serrurier, etc. — Ajoutons à la liste de ceux qui ont illustré ce pays fécond en tout genre de gloire : Anselme, de Laon ; Ramus, tué à la Saint-Barthélemy ; Boutillier, l'auteur de la Somme rurale ; l'historien Guibert de Nogent ; Charlevoix ; les d'Estrées et les Genlis.

[2] J'en dis autant de l'Artois, qui a produit tant de mystiques. *App.*, 41.

[3] Claude le Lorrain, né à Chamagne en Lorraine, en 1600, mort en 1682. — Poussin, originaire de Soissons, né aux Andelys en 1594, mort en 1665. — Lesueur, né à Paris en 1617, mort en 1655. — Jean Cousin, fondateur de l'École française, né à Soucy près Sens, vers 1501. — Jean Goujon, né à Paris, mort en 1572. — Germain Pilon, né à Loué, à six lieues du Mans, mort à la fin du xvi° siècle. — Pierre Lescot, l'architecte à qui l'on doit la fontaine des Innocents, né à Paris en 1510, mort en 1571. — Callot, ce rapide et spirituel artiste qui grava quatorze cents planches, né à Nancy en 1593, mort en 1635. — Mansart, l'architecte de Versailles et des Invalides, né à Paris en 1615, mort en 1708. — Lenôtre, né à Paris en 1613, mort en 1700, etc.

[4] Né en 1741, mort en 1813.

France et d'Angleterre et les guerres de Bretagne ; dire les
Montmorency, c'est dire la féodalité rattachée au pouvoir
royal, d'un génie médiocre, loyal et dévoué. Quant aux
écrivains si nombreux, qui sont nés à Paris, ils doivent
beaucoup aux provinces dont leurs parents sont sortis, ils
appartiennent surtout à l'esprit universel de la France qui
rayonna en eux. En Villon, en Boileau, en Molière et
Regnard, en Voltaire, on sent ce qu'il y a de plus général
dans le génie français ; ou si l'on veut y chercher quelque
chose de local, on y distinguera tout au plus un reste de
cette vieille séve d'esprit bourgeois, esprit moyen, moins
étendu que judicieux, critique et moqueur, qui se forma
de bonne humeur gauloise et d'amertume parlementaire
entre le parvis Notre-Dame et les degrés de la Sainte-Cha-
pelle.

Mais ce caractère indigène et particulier est encore se-
condaire : le général domine. Qui dit Paris, dit la monarchie tout entière. Comment s'est formé en une ville ce
grand et complet symbole du pays ? Il faudrait toute l'histoire du pays pour l'expliquer : la description de Paris en
serait le dernier chapitre. Le génie parisien est la forme la
plus complexe à la fois et la plus haute de la France. Il
semblerait qu'une chose qui résultat de l'annihilation de
tout esprit local, de toute provincialité, dût être purement
négative. Il n'en est pas ainsi. De toutes ces négations d'i-
dées matérielles, locales, particulières, résulte une généra-
lité vivante, une chose positive, une force vive. Nous l'avons
vu en Juillet[1].

C'est un grand et merveilleux spectacle de promener ses
regards du centre aux extrémités, et d'embrasser de l'œil
ce vaste et puissant organisme, où les parties diverses sont
si habilement rapprochées, opposées, associées, le faible
au fort, le négatif au positif ; de voir l'éloquente et vineuse

[1] Écrit en 1833.

Bourgogne entre l'ironique naïveté de la Champagne, et l'â-
preté critique, polémique, guerrière, de la Franche-Comté
et de la Lorraine ; de voir le fanatisme languedocien entre
la légèreté provençale et l'indifférence gasconne; de voir
la convoitise, l'esprit conquérant de la Normandie contenus
entre la résistante Bretagne et l'épaisse et massive Flandre.

Considérée en longitude, la France ondule en deux longs
systèmes organiques, comme le corps humain est double
d'appareil, gastrique et cérébro-spinal. D'une part, les provinces de Normandie, Bretagne et Poitou, Auvergne et
Guyenne; de l'autre, celles de Languedoc et de Provence,
Bourgogne et Champagne, enfin celles de Picardie et de
Flandre, où les deux systèmes se rattachent. Paris est le
sensorium.

La force et la beauté de l'ensemble consistent dans la
réciprocité des secours, dans la solidarité des parties, dans
la distribution des fonctions, dans la division du travail
social. La force résistante et guerrière, la vertu d'action
est aux extrémités, l'intelligence au centre; le
centre se sait lui-même et sait tout le reste. Les provinces
frontières, coopérant plus directement à la défense, gardent
les traditions militaires, continuent l'héroïsme barbare, et
renouvellent sans cesse d'une population énergique le centre
énervé par le froissement rapide de la rotation sociale. Le
centre, abrité de la guerre, pense, innove dans l'industrie,
dans la science, dans la politique; il transforme tout ce
qu'il reçoit. Il boit la vie brute, et elle se transfigure. Les
provinces se regardent en lui ; en lui elles s'aiment et
s'admirent sous une forme supérieure; elles se reconnais-
sent à peine :

« Miranturque novas frondes et non sua poma. »

Cette belle centralisation, par quoi la France est la
France, elle attriste au premier coup d'œil. La vie est au

centre, aux extrémités ; l'intermédiaire est faible et pâle.
Entre la riche banlieue de Paris et la riche Flandre, vous
traversez la vieille et triste Picardie ; c'est le sort des provinces centralisées qui ne sont pas le centre même. Il
semble que cette attraction puissante les ait affaiblies, atté-
nuées. Elles le regardent uniquement, ce centre, elles ne
sont grandes que par lui. Mais plus grandes sont-elles par
cette préoccupation de l'intérêt central, que les provinces
excentriques ne peuvent l'être par l'originalité qu'elles
conservent. La Picardie centralisée a donné Condorcet, Foy,
Béranger, et bien d'autres, dans les temps modernes. La
riche Flandre, la riche Alsace, ont-elles eu de nos jours
des noms comparables à leur opposer? Dans la France,
la première gloire est d'être Français. Les extrémités sont
opulentes, fortes, héroïques, mais souvent elles ont des
intérêts différents de l'intérêt national ; elles sont moins
françaises. La Convention eut à vaincre le fédéralisme provincial avant de vaincre l'Europe.

C'est néanmoins une des grandeurs de la France que
sur toutes ses frontières elle ait des provinces qui mêlent
au génie national quelque chose du génie étranger. A l'Allemagne, elle oppose une France allemande ; à l'Espagne
une France espagnole; à l'Italie une France italienne. Entre
ces provinces et les pays voisins, il y a analogie et néanmoins opposition. On sait que les nuances diverses s'ac-
cordent souvent moins que les couleurs opposées; les
grandes hostilités sont entre parents. Ainsi la Gascogne
ibérienne n'aime pas l'ibérienne Espagne. Ces provinces
analogues et différentes en même temps, que la France
présente à l'étranger, offrent tour à tour à ses attaques une
force résistante ou neutralisante. Ce sont des puissances
diverses par quoi la France touche le monde, par où elle a
prise sur lui. Pousse donc, ma belle et forte France, pousse
les longs flots de ton onduleux territoire au Rhin, à la Méditerranée, à l'Océan. Jette à la dure Angleterre la dure

Brotagne, la tenace Normandie ; à la grave et solennelle
Espagne, oppose la dérision gasconne ; à l'Italie la fougue
provençale ; au massif Empire germanique, les solides et
profonds bataillons de l'Alsace et de la Lorraine ; à l'enflure,
à la colère belge, la sèche et sanguine colère de la Picardie,
la sobriété, la réflexion, l'esprit disciplinable et civilisable
des Ardennes et de la Champagne.

Pour celui qui passe la frontière et compare la France
aux pays qui l'entourent, la première impression n'est pas
favorable. Il est peu de côtés où l'étranger ne semble su-
périeur. De Mons à Valenciennes, de Douvres à Calais, la
différence est pénible. La Normandie est une Angleterre,
une pâle Angleterre. Que sont pour le commerce et l'industrie, Rouen, le Havre, à côté de Manchester et de
Liverpool ? L'Alsace est une Allemagne, moins ce qui fait
la gloire de l'Allemagne : l'omniscience, la profondeur
philosophique, la naïveté poétique [1]. Mais il ne faut pas
prendre ainsi la France pièce à pièce, il faut l'embrasser dans
son ensemble. C'est justement parce que la centralisation
est puissante, la vie commune, forte et énergique, que la
vie locale est faible. Je dirai même que c'est là la beauté
de notre pays. Il n'a pas cette tête de l'Angleterre mons-
trueusement forte d'industrie, de richesse ; mais il n'a pas
non plus le désert de la Haute-Écosse, le cancer de l'Irlande.
Vous n'y trouvez pas, comme en Allemagne et en Italie,
vingt centres de science et d'art ; il n'en a qu'un, un de
vie sociale. L'Angleterre est un empire, l'Allemagne un
pays, une race ; la France est une personne.

La personnalité, l'unité, c'est par là que l'être se place
haut dans l'échelle des êtres. Je ne puis mieux me faire

[1] Je ne veux pas dire que l'Alsace n'ait rien de tout cela, mais seulement qu'elle l'a généralement dans un degré inférieur à l'Allemagne.
Elle a produit, elle possède encore plusieurs illustres philologues. Toutefois la vocation de l'Alsace est plutôt pratique et politique. La seconde maison de Flandre et celle de Lorraine-Autriche sont alsaciennes
d'origine.

comprendre qu'en reproduisant le langage d'une ingénieuse physiologie.

Chez les animaux d'ordre inférieur, poissons, insectes,
mollusques et autres, la vie locale est forte. « Dans chaque
segment de sangsue se trouve un système complet d'organes, un centre nerveux, des anses et des renflements
vasculaires, une paire de lobes gastriques, des organes res-
piratoires, des vésicules séminales. Aussi a-t-on remarqué
qu'un de ces segments peut vivre quelque temps, quoique
séparé des autres. A mesure qu'on s'élève dans l'échelle
animale, on voit les segments s'unir plus intimement les
uns aux autres, et l'individualité du grand tout se pronon-
cer davantage. L'individualité dans les animaux compo-
sés ne consiste pas seulement dans la soudure de tous les
organismes, mais encore dans la jouissance commune d'un
nombre de parties, nombre qui devient plus grand à mesure qu'on approche des degrés supérieurs. La centralisation est plus complète, à mesure que l'animal monte dans
l'échelle [1]. » Les nations peuvent se classer comme les animaux. La jouissance commune d'un grand nombre de
parties, la solidarité de ces parties entre elles, la réciprocité de fonctions qu'elles exercent l'une à l'égard de l'autre,
c'est là la supériorité sociale. C'est celle de la France, le
pays du monde où la nationalité, où la personnalité nationale, se rapproche le plus de la personnalité individuelle.

Diminuer, sans la détruire, la vie locale, particulière,
au profit de la vie générale et commune, c'est le problème
de la sociabilité humaine. Le genre humain approche
chaque jour plus près de la solution de ce problème. La
formation des monarchies, des empires, sont les degrés
par où il y arrive. L'Empire romain a été un premier pas,
le christianisme un second. Charlemagne et les Croisades
Louis XIV et la Révolution, l'Empire français qui en est

[1] Dugès.

sorti, voilà de nouveaux progrès dans cette route. Le
peuple le mieux centralisé est aussi celui qui par son
exemple, et par l'énergie de son action, a le plus avancé la
centralisation du monde.

Cette unification de la France, cet anéantissement de
l'esprit provincial est considéré fréquemment comme le
simple résultat de la conquête des provinces. La conquête
peut attacher ensemble, enchaîner des parties hostiles,
mais jamais les unir. La conquête et la guerre n'ont fait
qu'ouvrir les provinces aux provinces, elles ont donné aux
populations isolées l'occasion de se connaître; la vive et
rapide sympathie du génie gallique, son instinct social ont
fait le reste. Chose bizarre ! ces provinces, diverses de
climats, de mœurs et de langage, se sont comprises, se
sont aimées ; toutes se sont senties solidaires. Le Gascon
s'est inquiété de la Flandre, le Bourguignon a joui ou souf-
fert de ce qui se faisait aux Pyrénées ; le Breton, assis au
rivage de l'Océan, a senti les coups qui se donnaient sur
le Rhin.

Ainsi s'est formé l'esprit général, universel de la contrée. L'esprit local a disparu chaque jour ; l'influence du
sol, du climat, de la race, a cédé à l'action sociale et politique. La fatalité des lieux a été vaincue, l'homme a
échappé à la tyrannie des circonstances matérielles. Le
Français du Nord a goûté le Midi, s'est animé à son soleil,
le Méridional a pris quelque chose de la ténacité, du sérieux, de la réflexion du Nord. La société, la liberté, ont
dompté la nature, l'histoire a effacé la géographie. Dans
cette transformation merveilleuse, l'esprit a triomphé de
la matière, le général du particulier, et l'idée du réel.
L'homme individuel est matérialiste, il s'attache volontiers à l'intérêt local et privé ; la société humaine est spi-
ritualiste, elle tend à s'affranchir sans cesse des misères de
l'existence locale, à atteindre la haute et abstraite unité
de la patrie.

Plus on s'enfonce dans les temps anciens, plus on s'é-
loigne de cette pure et noble généralisation de l'esprit moderne. Les époques barbares ne présentent presque rien
que de local, de particulier, de matériel. L'homme tient
encore au sol, il y est engagé, il semble en faire partie.
L'histoire alors regarde la terre, et la race elle-même, si
puissamment influencée par la terre. Peu à peu la force
propre qui est en l'homme le dégagera, le déracinera de
cette terre. Il en sortira, la repoussera, la foulera; il lui
faudra, au lieu de son village natal, de sa ville, de sa province, une grande patrie, par laquelle il compte lui-même
dans les destinées du monde. L'idée de cette patrie, idée
abstraite qui doit peu aux sens, l'amènera par un nouvel
effort à l'idée de la patrie universelle, de la cité de la
Providence.

FIN.

TABLE DES MATIÈRES

Imprimerie Eugène Heutte et Cᵉ, à Saint-Germain.

www.ingramcontent.com/pod-product-compliance
Lightning Source LLC
LaVergne TN
LVHW050619090426
835512LV00008B/1561